基于文化的英语语言教学理论研究

尚志芹◎著

图书在版编目（CIP）数据

基于文化的英语语言教学理论研究 / 尚志芹著. --长春：吉林出版集团股份有限公司，2022.11
ISBN 978-7-5731-2807-2

Ⅰ.①基… Ⅱ.①尚… Ⅲ.①英语-教学研究-高等学校 Ⅳ.①H319.3

中国国家版本馆 CIP 数据核字（2023）第 002688 号

基于文化的英语语言教学理论研究
JIYU WENHUA DE YINGYU YUYAN JIAOXUE LILUN YANJIU

著　　者	尚志芹
出 版 人	吴　强
责任编辑	孙　璐
装帧设计	万典文化
开　　本	787 mm× 1092 mm　1/16
印　　张	5
字　　数	105 千字
版　　次	2022 年 11 月第 1 版
印　　次	2023 年 4 月第 1 次印刷
出　　版	吉林出版集团股份有限公司
发　　行	吉林音像出版社有限责任公司
	（吉林省长春市南关区福祉大路 5788 号）
电　　话	0431-81629667
印　　刷	三河市嵩川印刷有限公司

ISBN 978-7-5731-2807-2　　　　　定　价　55.00 元

如发现印装质量问题，影响阅读，请与出版社联系调换。

PREFACE 前言

当今世界，英语是主要的国际通用语言之一，学习英语语言文化非常有必要。大学是学生步入社会的一个关键阶段，在高校内培养学生英语语言文化的学习十分重要。对于英语语言文化的学习和探究，也应该是高校英语教师不断探索的内容。在高校中对于英语语言文化的教学探究，学校应该给予支持，教师也要不断地探索。

在当今经济一体化的背景下，人们更加应该意识到，外语，特别是英语，不仅是一座通往国际舞台的桥梁，而且是一种让世人了解中国的途径。在英语教学中，英语教师要充分认识到文化导入的作用，通过文化导入，帮助学生理解和运用英语，实现相互沟通，增强跨文化交流的能力，从而促进英语教学。

本书以目前高校英语教育教学改革工作重点为出发点，依据文化教育的理念与认知发展，实现文化与英语学习相结合。全书内容上主要以英语语言教学理论，分析现有的英语语言教学方法，提升学生的学习效果，促进英语语言教学的进展。其中，将文化差异知识贯穿于英语教学实践，具体包括文化差异下的英语词汇、阅读、写作、翻译等的教学，并且对英语教学中的理论基础、教学原则、教学发展等进行了具体探讨，力求做到简明扼要、清楚易懂，有利于帮助读者树立跨语言、跨文化意识，有效提高英语学习效率。希望本书能为高校英语人才的培养提供有益的借鉴。

在撰写过程中，笔者参阅了大量的文献资料，引用了诸多专家学者的研究成果，在此一并表示最诚挚的感谢。

由于时间仓促，加之笔者水平有限，书中难免出现不足的地方，希望各位读者不吝赐教，提出宝贵的意见，以便笔者在今后的学习中加以改进。

CONTENTS 目 录

第一章 高校英语教学综述 …………………………………………… 1
- 第一节 高校英语教学的内涵 ……………………………………… 1
- 第二节 高校英语教学的基本原则 ………………………………… 7
- 第三节 高校英语教学的理论依据 ………………………………… 11

第二章 高校英语教学改革 …………………………………………… 17
- 第一节 高校英语教学改革的基本原则及依据 …………………… 17
- 第二节 高校英语教学改革带来的新要求和新形势 ……………… 25

第三章 文化理念与高校英语学习及其重要性 ……………………… 30
- 第一节 文化与文化学习的基础认知 ……………………………… 30
- 第二节 影响文化学习的因素 ……………………………………… 33
- 第三节 语言与文化的关系 ………………………………………… 36
- 第四节 英语文化教育在英语学习中的重要作用 ………………… 37

第四章 高校英语语言教学的体系构建 ……………………………… 38
- 第一节 高校英语语言教学 ………………………………………… 38
- 第二节 高校英语语言教学中的文化导入 ………………………… 39
- 第三节 高校英语语言教学中的文化渗透 ………………………… 42
- 第四节 任务型语言教学模式在高校英语学中的运用 …………… 44
- 第五节 互动式教学在高校语言教学中的应用 …………………… 46
- 第六节 多媒体技术在英语语言教学中的应用 …………………… 50

第五章　高校英语教育中的文化差异 ………………………………… 55
　　第一节　高校英语教育中的语言与文化 ……………………………… 55
　　第二节　文化差异对高校英语教育的意义 …………………………… 59

第六章　高校英语教育中文化能力的培养 ……………………………… 63
　　第一节　英语文化能力概述 …………………………………………… 63
　　第二节　高校英语教育中文化能力培养必须关注的问题 …………… 65
　　第三节　高校英语教育中文化交际能力的培养 ……………………… 67

参考文献 ……………………………………………………………………… 69

第一章 高校英语教学综述

第一节 高校英语教学的内涵

一、英语教学的内涵

（一）教学的定义

在了解英语教学的内涵之前，首先需要对教学这一概念进行了解和掌握。由于对教学的关注点不同，不同学者的定义也有所差异。"教学"应该包含两个层面的关系：教与学是一种并列的关系；教与学是一种教授学习的使动关系。从两个角度出发，能够看出教学的辩证关系。教与学是互为条件而存在的，教应该以学为基础，从学的角度出发，并以学为目标。教的规律和学的规律在一定程度上是统一的。

《现代汉语词典（汉英双语）》对教学的定义是：教师把知识、技能传授给学生的过程。该定义是一种狭义的理解，即把"教学"当作一个术语来理解。

（二）英语教学的定义

英语教学是一项具有特殊意义的教学活动。对教师而言，教学是引导学生学习的教育活动。对学生而言，教学则是在教师引导下的学习活动。学生能否得到发展是教学能否实现其目标的关键。教学是一个师生互动的过程，是教师教和学生学共同完成预定任务的双边统一的活动。具体来说，英语教学的内容包括以下几点：

1. 英语教学是有目的的活动

英语教学的各个阶段都有其自身的特点，其教学目的也有其特定的范畴和标准。

2. 英语教学带有计划性

英语课程的规划是指英语的基本知识，如英语的语音、词汇、语法、写作、阅读等。

3. 英语教学需要采取合理的教学方法和教学技术

英语教学经历了悠久的历史，积累了丰富的教学经验。随着科技的进步，特别是信息技术的飞速发展，各种教学技术为英语教学提供了新的途径。

总之，英语教学的定义可以归纳为：教师根据英语教学的特定目的和教学目标，采用特定的教学手段和技术，通过系统地进行英语教学，使学生运用英语进行沟通交流的综合素质得到全面发展。

（三）英语教学的本质

1. 英语教学是一种语言教学

英语教学旨在提高学生的英语运用能力。以英语知识为基础的英语教学有利于学生培养英语运用能力。

英语教学作为语言教学，其本质应该是培养学生综合运用英语的能力。一些以学习语言知识而进行专门研究的语言教学并不是以运用语言为目的，因此对其的教学并不属于语言教学的范畴，这种语言学习需要和语言教学区分开。

2. 英语教学是一种文化教学

文化孕育语言，语言反映文化，二者有着密切的联系。在英语教学中，学生不但要掌握基础的外语知识，而且需要培养和提高其英语思维能力，便于日后的语言使用。从这个意义上说，英语教学也是一种文化教学。

二、英语教学的要素

（一）教师和学生

1. 教师

教师的角色是指教师在教学中的职责及其职业特点。随着教学改革的开展，教师角色的内涵变得更为丰富，不再只是知识的传授者和教学的主宰者。当代教师角

色的内涵主要包括如下几点：

（1）知识的传授者。在教学活动中，学生对知识与信息的获取主要来自教师。此外，教师的责任不只是传授知识，还应教会学生做人的道理。

（2）课堂的控制者。在教学活动中，应充分发挥教师的主动和主导作用，既要控制好学生的学习过程，还应注意把控课堂、教案的执行程序以及教学时间。此外，为了取得良好的教学效果，教师还应注意克服教学的随意性。

（3）行为的评价者。教师在教学过程中记录下不同学生在学习上的问题以及不足之处，同时适时地予以反馈。教师应把握好评价的方式与方法，纠正学生错误时，应注意措辞，避免伤害学生的自尊。

（4）活动的组织者。学生是主要的参与主体，在组织活动时，必须从学生的基础出发，把教学活动的主要目标、任务和教学活动开展的方式以及流程等清楚地告诉学生，便于他们更好地理解自己在活动中的角色，了解活动的各个环节，从而使其行为更具针对性，顺利实现活动目的。

（5）活动的促进者。学生在学习过程中遇到困难时，教师应为学生提供相应的帮助，引导学生将当前所学的内容与已有的知识结合起来，形成一种新的知识建构。

（6）活动的直接参与者。教师参与到课堂活动中不仅可以活跃课堂气氛，拉近与学生之间的距离，而且可以充分了解学生的心理特征，引导学生解决学习中的问题，促进课堂活动的执行与实施。

（7）资源的提供者。在教学活动中，教师可为学生提供丰富的背景知识、答案、范例、机会等，这些都会促进学生的学习。

（8）研究者。教师在教授知识的同时也在进行教学研究，教师具有自己的研究方向和研究内容，在教学过程中不断发现问题，展开研究并使问题得到解决，很好地将课堂教学与科学研究结合起来，从而完善自己的教学活动。

（9）激励者。教师应将课堂的绝对控制权交给学生，以学生为中心，引导并鼓励学生进行学习。要做到这一点，教师必须具备丰富的知识和教学经验，同时具有激励学生的能力。

由上述分析可知，教师的角色多种多样，这些不同的角色都是社会、学校、家长以及学生期望的一种反映。一名合格的教师应能灵活地在这些角色之间进行转换，充分发挥自己的能力。

2. 学生

英语教学应面向全体学生，重视学习的愿望、习惯和学习能力的培养，同时还应关注学生自我评价、评价激励、反馈和调整功能，以使学生获得全面和终身发展。这些都赋予学生新的角色意义。具体而言，学生主要有以下几种角色：

（1）主体。英语教学活动要坚持学生的主体地位。在学习过程中，学生通过对知识进行积极探索、发现、吸收和内化等实践，将有助于他们知识体系的构建以及世界观、人生观、价值观的形成。

（2）参加者。在英语教学中，教师要注重培养学生的学习兴趣和学习动力，使他们积极地参与到教学活动中去，让学生乐于学习。在学习过程中，学生应主动参与，积极思考，敢于表达自己的思想与观点，将个人的才能尽量展示出来。

（3）合作者。英语学习是在师生、生生之间进行的，因此，学生的学习过程必然要与他人合作。学生在学习中通过协商与互助，彼此促进，最终实现共同提高。

（4）反馈者。学生以自身的学习情况以及对教师教学法的适用性为依据，向教师提出相关的意见与建议，促使教师调整和改进教学方法与教学内容，最终提高英语教学的效率。

（二）教学内容和教学方法

1. 教学内容

（1）语言知识。语言知识是综合英语运用能力的一个组成部分。学生语言能力的提高必须以扎实的语言知识为基础。英语基础知识主要包括语音、词汇、语法、功能和话题等内容。这五个方面的内容是相互影响、相互作用的。语音、词汇和语法（语言形式）可以在一定的话题中得到体现。学生在运用语言时，不仅要具备话题知识，而且应掌握语言形式在一定话题中所具有的功能。只有当学生既掌握语音、词汇和语法，又具备语言功能和话题方面的知识时，才能在交际中恰当地运用语言。

（2）语言技能。英语教学内容应包括听、说、读、写、译五个方面的语言技能及其综合运用能力，为学生提供体验语言和感受语言的机会，促进学生对语言知识的学习与掌握。在这五项基本技能中，听是对话语进行分辨与理解的能力；说是运用口语进行表达的能力，也是运用口语输出信息的能力；读是对书面语言进行辨认与理解的能力；写是运用书面语进行表达的能力，也是运用书面语输出信息的能力；译是综合运用语言进行输入与输出的能力。学生英语综合运用能力的提升是建立在大量听、说、读、写、译的专项和综合性语言实践活动基础之上的，从而服务于真实的语言交际。在不同的教学阶段，对学生的语言技能要求是不同的。

（3）学习策略。学习策略指学生在学习过程中采取各种行动和步骤来提升教学效果。英语学习策略包括认知策略、调控策略、交际策略和资源策略等。正确的学习策略有助于改进英语学习方式，提高英语学习效果，促进学生的自主学习，为他们的终身学习打下坚实的基础。因此，在英语课堂教学中，教师应自觉地引导学生制订适合自己的学习策略，并对自己的学习过程与学习效果进行监控和反思，培养学生根据学习风格调整学习策略的能力。同时，教师还要引导学生观察与分析他人的学习策略，与其他同学交流学习体会，尝试不同的学习策略，互相借鉴，共同进步。

（4）文化意识。文化意识也是英语教学内容的一个重要组成部分。英语教学中的文化，主要是指英语国家的历史地理、风俗、生活习惯、文学艺术、行为规范、价值观念等。语言与文化之间的关系十分密切。语言是文化的载体，又是文化的反映。学习英语必然要学习英语国家的文化知识。因此，在英语教学的过程中，教师应注意文化意识的渗透，结合学生的年龄特点及认知能力，向学生传授文化知识，培养他们的文化意识。此外，教师还应注意引导学生在学习其他民族优秀文化的同时更好地继承、发扬中华民族的优良传统，培养学生形成"传承文明，开拓创新"的意识和能力。

（5）情感态度。情感态度主要包括两个方面：对学生学习过程和学习效果有影响的因素，如兴趣、动机、信心、意志、合作的态度等；在学习的过程中，学生逐步建立起一种国家观念和世界观。在学习过程中，学生通常会受到各种情感因素，如价值观、意志、理智、动机及教师的人格、态度、情感投入、教学方式等因素的作用。因此，在英语教学中，教师必须重视学生的情绪，帮助学生形成积极向上的情感态度。具体而言，在培养学生兴趣的同时，还要逐步引导他们把兴趣转变成一种稳定的学习动力；提高自信，锻炼克服困难的意志；正确看待学习过程中的进步与不足，培养团队合作意识与创新精神，养成良好的个人品格。

2. 教学方法

语言教学虽然教无定法，但贵在有法。在英语教学历史上，有多种教学方法都曾经发挥过重要作用，有效地促进了英语教学的发展。这些教学方法包括翻译法、直接法、对比法、听说法、视听法、认知法、功能法，以及由此派生的口语法、全身反应法、自然法、暗示法、沉默法、交际法等。实践证明，没有哪一种教学法是最好的，也没有哪一种方法适用于所有时期、所有地区、所有教学内容。不同的教学法对不同的语言知识、语言技能各有侧重，这就要求教师在英语教学中综合、灵活应用多种教学手段，可有效地提高英语技能，促进学生的综合素质的提高。如果教师仅仅采用某种单一的教学法，势必会对学生的学习产生一定的负面影响。要注意的是：不管教师在英语教学中采用何种教学方式，都必须以学生的语言交际作为教学的出发点，尽可能使课堂教学贴近学生的实际生活，引导并鼓励学生将所学的语言能力灵活地运用于新的生活场景中；同时，教师应力求使教学过程交际化，选用来自真实生活的自然交际且适合学生年龄的教材内容。

（三）教材和教学环境

1. 教材

教材既是英语课堂教学的依据，又是学生学习的载体，学生习得英语语言主要是通过教材而实现的。由于教材编写水平与资料有限，任何教材的编写都难免存在一些缺陷。这就要求教师在课堂教学中要灵活处理不同教材，考虑学生的感受，对教学进度和教学方法进行适当的调整，以提高教学效果。在教学过程中，教师通常会遇到与教材相关的一些特殊情况。这就要求教师要懂得因材施教，因人施教。例如，有些教材语言太过简单，大部分学生在课堂上仅仅是在运用或操练旧的语言知识和技能，对学生英语语言能力的提高极为不利。面对这种情况，教师应适当补充一些稍具难度的语言材料，激发学生的学习动力，促进学生语言能力的发展。有些教材偏难，导致很多学生都难以理解，从而阻碍学生的英语学习。这时，教师应注意调整教学进度，适当添加一些难度稍小且与课文内容相关的语言材料，帮助学生能跟上教师的教学进度。还有些教材中提供的交际任务可能会超出学生的日常生活范围，这时，教师应该借助一些辅助手段，如图画、幻灯片、流程图等，以增加课堂教学的趣味性，促进学生的学习。

2. 教学环境

教学环境主要由三种要素构成：社会环境、学校环境以及个人环境。

（1）社会环境。包括社会对英语的需求情况、社会制度、国家的教育方针、外语教育政策、经济发展状况、科学技术水平以及人文精神。社会环境是影响英语教学的首要因素，指引着英语教学的方向。

（2）学校环境。学校环境是学生学习外语知识的主要环境，对英语教学效果具有直接的影响作用。学校环境由多种成分组成，如课堂的设置、学生接触英语的时间、教学设施、教师的素质、班级人际关系等。

（3）个人环境。主要包括学生对英语的态度，与同学、朋友之间的关系和感情以及学生自己所拥有的学习设备、用具等。

第二节 高校英语教学的基本原则

一、任务型教学法的基本原则

任务型教学是把教学工作放在教学方法的中心，把学习过程看作与教学目标相关联、服务于教学目标的系列工作，其目的已经超出了语言训练的目的，也就是把工作当作一个核心单元来规划和组织语言教学。国外有关学者提出了五个基本原则：真实性、形式—功能、任务依赖、做中学、脚手架原理，给予学生充分的注意力和支持。

任务型教学分为任务预习、任务循环、语言应用三个阶段。预习部分包含了主题的介绍和任务。在此阶段，教师与同学共同讨论主题，重点是使用一些常用的单词和词组，以便于学生理解和掌握任务。旨在突出任务主题，激活相关背景知识，减轻认知负担。任务循环阶段包括任务、计划和报告。在没有教师的指导下，学生可以通过结对的方式来完成作业。通过口头和书面的方式，学生对自己的工作成果进行总结，得出一些结论。在此阶段，学生有足够的机会去表现自己的语言，并强调语言的流畅，在谈话中，语言的运用应当是自然而然的，并不需要精确。语言关注阶段包含了分析与练习。本阶段重点对文本中所呈现的语言特征及困难进行了分析。在进行分析之后，教师会指导学生进行新的词汇、语法学习，并指出语法体系的重要性，旨在协助学生探究语言系统知识，观察语言特征，使之系统化，使之更清楚地把握语言规律。

任务型教学的支持者们相信，通过对语言的学习，学生能够更好地理解语言的含义，用自己所掌握的语言结构和词汇进行交流。任务型教学的目的在于提供大量的、尽可能丰富的内容，让学生清楚地了解自己的学习目的，保证语言的持续和平衡。

二、内容型教学法的基本原则

内容型教学是以目标语为基础，将语言体系和内容有机地结合在一起进行教学。这一观点建立在对英语教学的理解之上：如果要使二者都得到同样的关注，而不是分开，那么二者就可以同时发展。而目标语言教学中的学科内容能够很好地实现二者的融合，其基本原理有以下几点：

（一）直接学习语言结构

内容型教学使学生接触到实际的语言输入，使其具备使用英语进行交流的能力。文本形式、课堂语言输入、学生结对活动、团体活动等都是内容型教学的重要来源。然而，在内容型教学中，只靠"可听懂"的输入并不能保证语言的顺利进行，而对于真正的文本中所呈现的语言结构，则需要采用有意识的学习方式。

（二）教学决策建立在内容上

在设计时，语言课程的设计者和教科书的编写人员都要面对两个问题：选择和排序（包括那些条目）。在传统的英语教学中，有很多语法翻译、听说等方法，这些都是按语法的难度来编写的，比如，普通现在时的学习要比其他时候简单，所以在教材的编制和教学中，普通现在时自然是排在第一位的。

但是，内容型教学打破了传统教学方式中的"选择"与"排序"的原则，完全抛弃了以"语言"为起点，以"内容"为指导语言的选择与排列。

（三）整合听说读写技能

过去的教学方法通常是以语法、写作课、听说等分离的具体技能课来进行。内容型教学是把英语的五大基本能力有机结合起来，并把语法与词汇结合起来。这种教学原理是通过实际的语言交际场景和各种技能的协作来实现的。

同时，内容型教学也是一种反对"先听后写"的教学方式。它没有固定的、一成不变的教学次序，而是可以从任意一项开始。这个原则是对教学内容的延伸，是对教学内容的影响，对教学项目的选择，以及对教学次序的影响。

（四）学生积极、主动地参与教学的每一个阶段

自从交际法的出现，课堂重心由教师转移到了学生身上，"做中学"成为交际法的一项重要内容。任务型教学是交际法发展的一个重要组成部分，它要求学生在完成任务的同时进行探索性、发现性的学习。同时，内容教学也是交际法的一个分支，它强调了学生在课堂上的积极参与。

提倡"内容"教学的学者认为，"语言学习"应该从"教师"的角度出发；在与同学、同伴交往的过程中，学生也能获取到丰富的语言知识。在互动学习、信息搜集和意义构建等方面，学生扮演了一个积极的社会角色。在教学过程中，学生能够扮演各种角色，包括接受者、听者、规划者、协调者、评价者等。与学生的多重身份类似，教师也具有多种功能，即学生的资讯来源、引导者、控制者、推动者、评估者。

（五）结合学生的兴趣、生活和学习目标选择学习内容

内容型教学方法的内容选择与学生、教学情境有关。在特定的教学和教育背景下，教学内容往往是并行的。所以，在初中阶段，英语教学可以从科学、历史和社会科学等学科中学习的知识中汲取营养。

在其他教学情境中，教师可以根据学生的专业需求和个人的兴趣特征来选择教学内容。教师有充足的时间和机会将其与学生的兴趣、所掌握的知识相结合。因此，让学生对所选内容感兴趣是内容型教学理论实现的重要基石。

（六）教学内容和任务的真实性

真实感是内容型教学的关键要素。它不仅要保证文本的真实性，而且要保证任务的真实性。一首歌谣、一个故事、一段卡通动画片都可以作为真实的教学内容。把这些真实的内容放置于英语教学课堂，将改变它们原本的目的，从而服务于语言学习。同样，任务的真实性也是内容型教学的目标，任务必须与一定的文本情景结合，反映真实世界的实际状况。

三、课程资源建设的原则

高校英语课程资源建设是辅助高校英语教学的重要举措,是学生开展个性化学习的前提。在建设过程中应坚持以下原则:

(一)经济性原则

在高校英语课程资源开发中,要力求用尽量少的投入开发最大量的课程资源,即实现低投入、高产出。经济性原则涉及经费、时间、空间和学习四个方面。

经费的经济性指花较少的钱,甚至不花钱,开发出可以服务于学生的大学英语课程资源,如从互联网上提取本校可以使用的英语资源;时间的经济性原则指立足现实,开发那些适于当前大学英语教学的课程资源,不能等待更好的时机,否则就错过了最佳学习期;空间的经济性原则是指课程网站的容量;学习的经济性原则主要指以兴趣为导向,开发那些能激发学生学习积极性的课程资源。

(二)"学生为中心"原则

高校英语教学资源的构建,应以英语学习的动力与兴趣为中心,营造一个良好的学习环境,为英语的学习打下坚实的基础。不管是资源建设的决策和规划阶段,还是实施、检查和改进阶段,都要以学生的实际需求为出发点,不但要关注他们的知识类资源,还要关注他们的情绪类资源、问题类资源、错误类资源、差异类资源和兴趣类资源,尽可能让他们成为学习的中心,成为知识意义的主动建构者。进行协作学习和对话沟通,也就是学生主动学习、协作探索的认知工具。

(三)开放性原则

高校英语课程资源建设是一项长期系统的积累工作,随着教学改革的不断深入、社会的不断进步和教师专业化发展,已有的课程资源得到更新,新的课程资源得到添加,确保了课程的正常运转。在课程资源建设过程中,人们要以开放的心态对待人类创造的所有文明成果,以开放的目光审视周围的事物。

开放性原则包括类型的开放性和空间的开放性。类型的开放性是指不管课程资源以什么类型存在,只要有利于教育教学,都可以加以开发利用;空间的开放性是指课程资源的地域性差异,不管它们是校内或校外、国内或国外,只要能有益于学生知识积累、能力发展、技能提高，都可以加以开发和利用。知识经济是一个全球一体化的经济，资源开放原则是从区域到全球、从微观到宏观、从局部到整体的各个层面建立起来的基础。

（四）前瞻性原则

高校英语课程资源的开发与利用是与学生需求紧密相连的，受现有的课程和现实社会的实际需求推动。但从发展的角度来看，课程资源建设还要与未来社会的发展联系起来。只有这样，才能帮助学生更好地把握未来社会的一些发展趋势。

建设者要具有前瞻性思维，密切关注社会的发展动态，注意吸收当前重要的、有影响力的、处于科技前沿的一些素材，在此基础上开发出对学生来说真正有用的课程资源，对学生加以引导，让他们逐步接受这些新东西，为学生终身学习与可持续发展打下坚实的基础。

第三节 高校英语教学的理论依据

不同的英语教学方法源于对语言教学的不同看法，以及对语言学习的不同理解。因此，为了更好地认识和理解英语教学，还要了解和学习一些影响英语教学的理论基础。

一、比较语言学

18、19世纪，欧洲开始了比较语言学的研究，其研究对象为印欧语系各语种。比较语言学是指将一种不同时期的语音、词汇、语法等方面的对比研究。通过对比较语言学的分析，可以发现语言在不同语言中的相互联系，发现其共同的母语；这一课题在19世纪得到了广泛运用。

二、结构主义语言学

从19世纪末到20世纪中叶，不少学者都对语言的结构进行了分析和研究，并提出了很多重要的观点。在众多研究中，美国和英国的语言学家对结构主义语言学的研究作出了重要的贡献。

（一）美国的结构主义语言学

美国结构主义语言学是从研究美洲印第安人口语语言开始的。由于印第安人的语言没有文字的形式，所以美国结构主义语言学就想办法用语言符号（如国际音标）把自己口述的话如实地记录下来，然后对收集到的口语样本进行各种分析，研究它们的结构和特征。之后，用"描写"方法研究了英语及其他印欧系的语言。他们认为，语言可看作一个把意义编成语码的系统，这个系统主要由结构相关的成分构成，包括音位、词素、单词、结构和句型。一个语言系统主要包括音位系统、词素系统和句法系统三个方面。

1. 音位系统

在音位系统中，应该对音位、音位变体、音位组合的规则进行描述，还应该对连贯话语中的语音现象进行描述。

2. 词素系统

在词素系统中，应该对词素、词素变体、自由词素和黏着词素等成分和结构加以描述。

3. 句法系统

在句法系统中，应该对词的分类、短语分析、直接成分分析和句型的类型进行描述。

这些语言学家认为，口语是活的语言，所以语言是口语，不是书面语。学习语言首先应该学习口语，而学习口语就应该从学习某种语言的"当地人"所说的话开始。他们也认为，语言有其自身的特点。不同的语言有不同的音位、词素、句法体系。在不同音位系统、词素系统和句法系统中，成分、结构也有所不同。因此，学习语言要注重其差异性。

鉴于语言的这种差异性特征，美国结构主义语言学家认为，学习外语语言还受母语的干扰和影响。学习外语需要克服因外语语言结构和母语结构上的差异而产生的习惯。因此，在外语教学中，教师应努力解决这两种问题。

（二）英国的结构主义语言学

英国语言学家在对语言结构特别是句型结构的研究上取得了卓越的成效和显著

的成果。这些语言学家从20世纪20年代开始共同分析、总结了主要的英语语法结构，把英语语法结构归纳成一定的句型，并且通过大量的实例说明这些句型的意义和句型与句型之间的转换性。

英国结构主义语言学家的研究更加强调语言结构和结构使用情景之间的关系。20世纪40年代，英国形成了结构主义伦敦学派。该学派认为，语言必须在不同的语境下对各个层面进行研究。该学派还制订了描述"语境"的三个特点，即参与者的特点、相关目的、语言行为的效果。

三、社会语言学

社会语言学是研究语言的社会本质和差别及其社会因素的一门学科。社会语言学认为，语言最本质的功能就是语言的社会交际功能。美国社会语言学家认为，社会化的过程是一个儿童习得母语的最好环境，这不仅能使他们理解本族语的习惯并说出符合语法的句子，而且能在一定的场合和情境中恰当地使用语言。交际能力是一种语言的交际能力，它包含了语言的语法正确和语言的社交得体性：既包括语言能力，又包括影响语言使用的社会文化意识的语言能力。

四、行为主义心理学

行为主义心理学兴起于20世纪50年代的美国，其代表人物主要有华生和斯金纳。他们把学习看成是一种激励和响应的结合，并且提出了一种假定，这种行为是由学习者对外界的刺激做出的反应。他们将环境视为刺激，将生物体的活动视为一种回应，并将其视为一切行动的一种学习方式。

斯金纳相信，人们的每一句话都是因为有一种刺激的存在。在这里，"某种刺激"可以指语言，或者来自外在或者内在。斯金纳注意到，人类的语言和其他任何行为都是如此，是一种操作性的行为，是通过各种强化手段获得的。因此，如果学生在课堂上做出了反应，教师要及时给予强化。学生答对时要说："好"或"正确"，答错时要说"不对"或"错了"。这样学生的言语行为就会得到不断强化，发生错误的可能性就会降低，从而渐渐地学会使用与其语言社区相适应的语言形式。

五、人本主义心理学

20世纪50、60年代，美国出现了以人为中心的心理学。人本主义心理学家认为，教育的功能是提供一个安全、自由和人性化的精神环境，从而自动地发挥出人与生俱来的优秀潜力。他们的教学思想主要有：情感与情感的过程论与"以人为本"的教学范式。

人本主义心理学注重学生的内在世界，将个人的思想、意愿和情感置于个人发展的核心。与行为论、认知心理学不同，以人本主义为基础的学习理论往往是从实证的基础上得出结论，然后才能得出最终结论。人本学习理论不仅局限于对个体的行为进行了阐释，而且扩展到了个体的整个发展过程。体现了人文学习的基本思想：一是突出人的价值、人的主观意识、人的选择和意志；二是学习是人类自身的一种实现，是一种充实的人性；三是学生是学习的主体，应该得到充分的尊重；四是人际交往对学生进行有效的学习，在教学活动中营造"接受"氛围。

因此，语言教学不仅需要教师将语言知识传递给学生，而且要通过大量的语言练习来提高学生的语言能力。"以人为本"的学习理念最突出的特征就是对情感因素的关注。所以，在英语教学中，教师应该把学生放在第一位，强调学生的学习过程和自我实现，并坚持"以人为本"的思想。

六、建构主义理论

20世纪末，随着心理学者对认知规律的研究，在西方国家逐步形成了一种新的发展趋势。

建构主义理论强调，学生是信息加工的主体，是意义的积极构造者，而非被动的接受者。教师在构建学习的过程中扮演着重要的角色，而非知识的传授者与灌输者。20世纪90年代以后，多媒体、网络技术为建构主义理论学习环境提供了技术支撑，建构主义学习理论教学设计思想得到广泛应用。

七、二语习得理论

虽然二语习得理论在20世纪60年代已有展开，但是真正成为一门独立的学科是在20世纪70年代形成的。该理论研究者针对第二外语的习得提出对外语界影响

较深的语言监控理论。虽然这一理论还存在许多争议，但它毕竟是一门具有一定影响力的外语教学理论，包括习得/学习假设、自然顺序假设、监控假设、监测假设、输入假设和情绪筛选假设五种基本假设。下面我们就其中三种进行简单介绍：

（一）习得/学习假设

对"习得"与"学习"的区别及其在学习者的第二语言能力形成中的作用，是该理论的出发点和核心。在习得/学习假设中，研究者把学习和习得区分开来，把学习看成是学生在不知不觉中掌握语言的过程。可以说，习得和学习的知识处在大脑的不同部位。

（二）自然顺序假设

自然顺序假设是人类自然地获得了语言结构的知识。比如，许多试验显示，儿童或成年人在学习英语（二语习得）时，对进行时的掌握要比过去时要早，名词的复数要比名词的全部格要早。研究者也注意到，自然顺序假设不需要按照这样的次序排列课程。实际上，如果人们的目标是学习一门外语，那么就可以不用任何语法的次序来教授。

（三）监控假设

研究者还提出了监控假设来说明学习的作用。监控的假定反映了"语言学习"与"语言习得"之间的内在联系。基于这个假定，语言习得与语言学习之间的关系是有区别的。语言学习体系相信，无意识的语言知识就是语言的真实能力。而在语言学习体系中，自觉的语言知识只能在使用第二语言时发挥监督和修改的功能。这种监视功能可以在语言输出之前和之后出现。然而，监管的有效性取决于三个方面。

1. 有充足的时间

只有在一定的时间内，使用者才能对语法规则进行有效的选择和应用。

2. 注意语言形式

使用外语的人一定要注意到这门语言是否正确。

3. 遵守规则

语言使用者必须具备所学习的语言的语法观念和语言规则。在语言表达中，人们往往只关注语言的内容而忽略语言的形式,对语法规则的思考不够充分。所以,当使用者在讲话的时候,要时刻注意着语法监督,不断地思考和改正语法上的错误。而在写成文字时,则不会发生这样的情况,因为作家有充足的时间来思考句子和语法。

八、输出假设

研究者相信,可以理解的输入对第二语言的学习具有重要影响。但也有一部分学者认为,输出对第二语言的学习具有重要的影响,并且在"沉浸式"教学试验的基础上,给出了一个关于输出的假定。他们认为,第二语言学习的前提是语言输入;要提高外语水平,不仅要能听懂,而且要能听懂后输出;学生需要被迫使用现有语言资源,需要对将要输出的语言进行构思,保证其更恰当、更准确,并能被听者理解。它不仅能够提高学生的英语运用能力,而且能够让学生认识到自己在英语应用中所遇到的问题。因此,在外语教学课堂上,教师应该给学生足够时间和机会使用语言,以提高学生语言使用的流利性和准确性。

第二章 高校英语教学改革

第一节 高校英语教学改革的基本原则及依据

一、高校英语教学改革的基本原则

(一) 交际性原则

语言是人类最重要的交际手段,人们学习外语的首要目标不在于掌握其语法、词汇,而在于运用它来沟通、表达自己的思想。有关学者指出,交际是在特定语境中说话者和听者、作者和读者之间的意义转换。

交际有两种形式,书面语和口语;交际必须在一定的语境中发生;必须至少两个人的参与才能构成交际活动;交际是参与者之间的互动。

根据以上内容可知,交际是指在各种情况下运用语言进行恰当的沟通。大学阶段是一个将英语知识系统化、从理论到实际应用的关键时期。在这一阶段,教师应充分遵守交际性原则,让学生把自己所学的英语知识应用于多种交流活动,从而达到训练和提升交流技巧的目的。要想达到这一目的,教师就需要在教学中做到以下几点:

1. 认识课程本质

英语教学既是一种专业的知识,也是一种培养学生的能力。对于大学阶段而言,技能的培养显得尤为突出。教授、学习和使用是高校英语教学的基本过程,但是,在英语教学中,应用是最重要的。高校英语教学的重点在于学生能否运用交流手段来提高自己的交际能力。正确认识到这一重要的英语教学实质,学生就可以更好地掌握英语知识,提高英语能力。

2. 设计情境

英语交流要在特定的语言环境中进行，而在这种语境下，学生的交际活动就必须有合适的语境。情境的设计应包含时间、地点、参与者（身份、年龄等）、交流形式（口头或书面）、主题等。以上几个方面对交流起着很大的作用。同样的一句话在不同的情境中可能会产生两种截然不同的效果。不同的情境对于感情和思想的表达具有重要效果。所以，在英语教学中，应该遵循交际性的原则，为英语教学提供一定的环境，并尽量贴近学生的生活，让他们有一种身临其境的感觉。营造情境，既能激发学生的学习兴趣，又能使学生学以致用。

3. 精讲多练

高校英语教学主要是教师的讲和学生的练，在大学阶段，学生已经具备了一定的英语基础知识，教师在讲解时可以选择一些重点内容，突出讲解重点知识。英语作为一种培养型技能，其掌握必须经过大量实践。因此，教师的讲解应该以简明扼要且重点突出为宜。讲解的目的是更好地指导学生进行实践。学生要在教师讲解的重要知识的指导下开展交际实践，只有通过不断地练习实践学生才能提高英语交际能力。教师理论性知识的讲解要以指导学生实践为原则，而学生的实践活动应尽量多样化。

（二）输入优先原则

输入是指学生在听、读中获取的语言资料。与输入相比，"输出"是指学生用语言和书面语言来表达他们的想法。心理学的研究显示，输出是以输入为基础的，输入越多，输出的能力就越强。

国外学者在其语言监控假说中指出，有效的语言输入一般具有以下几个特点：可理解性、恰当性、足够的输入量。根据该学者对输入特点的分析可以将输入分为五种类型。

一是可理解性输入和不可理解性输入。可理解性输入指的是以学生现有的知识水平可以理解的知识输入。这些知识材料的难度应略高于学习者现有的知识水平，通常用"i+1"表示，"i"指语言学习者现有的知识水平，而"1"则表示略高于现有水平。所谓的不可理解性输入指的是学习者现有的知识水平下无法理解的语言材料。可理解性输入可以促进学习者知识的习得，而不可理解性输入对语言知识的习得无益，有时还会对知识的习得产生干扰。

二是粗调输入和精调输入。粗调输入指的是比较原始的，没有经过任何处理的语言材料。精调输入指的是经过调整后的语言输入。

三是自然输入和非自然输入。自然输入指的是学生通过听和读所得到的语言材料。非自然输入指的是单词、词组和句型的背诵和记忆。

四是外部输入和内部输入。外部输入指的是学校和社会为学生提供的语言输入。内部输入指的是学生自身语言练习或利用语言进行交流的活动。

五是反馈输入和非反馈输入。反馈输入指的是教师对学生的某一学习行为或举动所做出的反应。非反馈输入则是指除反馈输入之外的语言输入。

根据以上对语言输入的分析，教师在教学中应尽量为学生创造接触英语的机会，课本上的教学内容是无法满足学生的知识需求的，因此，教师应为学生提供尽可能多的课外知识。除此之外，学生在日常生活中可以接触到的英语很多，学生应注意观察，自主丰富自己的语言输入内容与形式。

（三）兴趣性原则

学习的兴趣在学习中起着举足轻重的作用，它可以促使学生对所学的内容抱一种积极主动的态度。鉴于兴趣对高校英语教学的影响，教师应充分激发和培养学生对英语学习的兴趣。下面几点内容可以有效地帮助教师培养学生的兴趣。

1. 尊重并了解学生

学生是学习的主体，是整个学习活动的重要参与者。到了大学阶段，学生已经形成了自己的世界观、人生观、价值观。在教学活动中，教师应充分尊重学生的心理，从学生的需求出发去安排教学内容。大学阶段是英语学习的高级阶段，学生具有一定的自我管理能力，能够对自己的学习负责，因此，教师在教学中应尽量放开，尊重并了解学生的兴趣、爱好以及学习心理。

2. 防止死记硬背

交际实践是英语学习的高级阶段，在英语学习的初级阶段，学生仍然需要牢记一些语法知识以及词汇等内容，而这些知识的学习也有一定的规律。教师应该在教学活动中为学生介绍一些有效的英语学习策略，以便学生对知识的记忆和理解。教师在教学中应科学地设计教学过程，尽量创设真实的情境，使学生在真实的情境中习得并消化知识。

3. 增强交流

在大学班级中，学生来自不同的地区，学生的性格以及习惯等都有所差异，教师作为教学活动的主要组织者，应对学生一视同仁。教师应通过各种不同的活动来与学生交流，了解学生，与学生建立良好的关系。实践表明，学生对于课程的喜爱程度与教师存在着密切的关系。教师性格活泼，且富有幽默感就会影响学生，使学生愿意与教师接近，学生也会因为喜欢某个教师而喜爱上他（她）教的课程。也就是说，学生对英语的态度在很大程度上受到其对英语教师态度的影响。

（四）以学生为中心原则

教师要真正发挥学生的主体性，就要将学生放在教学的中心位置，从而提高教学质量。"以人为本"，是指根据学生的具体情况，进行教学活动的设计与组织，从而达到提高交际能力的目的。

英语教学中，教师的指导作用不容忽视，只有充分调动学生的积极性才是教学质量有效提高的保证。以学生为中心，需要教师在教学中为学生的学习创造一切必要、良好的条件。教师的教必须建立在学生学的基础上，以学生的学为依据。在教学过程中，教师要充分考虑到学生的心理和需求，并对其进行相应的调整。要做到以学生为中心，教师应在以下四个方面突出学生的中心地位。

1. 教材分析

以学生为中心原则，要求教师在进行教材分析时，要充分理解和把握教学内容，并结合自己的教学经验对教材进行筛选，选出适合学生实际情况的学习目标和学习任务。教师可以对教材内容进行最优化处理，使其更加符合学生的学习经验和心理诉求。

2. 备课活动

备课是教师教学的重要环节，教师可以通过备课了解学生。教师可以通过学生在课堂上的表现、测试成绩等了解其学习状况，这些情况的了解有利于教师根据学生的学习水平、接受能力、学习风格以及学习态度等来设计教学实践活动。教师在备课中应尽量设计一些开放性较强的任务，这样可以促使所有学生都参与进来，使学生真正成为学习的主体。

3. 教学活动

教师要根据学生的特点、知识结构、学习兴趣等内容进行形式多样的活动设计，使所有学生都可以参与教学活动。

4. 教学方法和教学手段

以学生为中心原则要求教师的教学方法和教学手段必须多元化。不同的教学手段具有不同的效果和作用，教师应合理利用这些教学手段，将其作用最优化。直观的教具可以刺激学生的感官，学生通过视觉、听觉等加强了对知识的记忆。形象化的教学手段，如幻灯片、投影、模型等都可以将知识直观地展示出来，使学生在一种轻松愉快的氛围中学习语言。除此之外，教师还应对学生在学习过程中的表现做出适当且及时的评价，使学生能够改正自己的缺点，弥补自己的不足。

二、高校英语教学改革依据

高校英语教学改革与诸多因素有关，社会、政策、学校、家长等都对高校英语教学有影响作用。

（一）政策依据

所谓政策依据，指的是教育行政管理部门以社会、政治、经济等方面对人才的需求等制定的相关外语教育政策。这些外语教育政策会对英语教学提出具体化目标，使教学活动更加具有针对性，提高人才培养的实用性和现实性。

影响高校英语教学的政策依据可以分为以下三方面：一是高校英语教学是关系到我国社会发展和人才培养的重要因素；高校英语教学对学生的整体素质、能力、知识结构等产生重要影响，且这些因素会对社会发展产生间接影响。二是国家政策不仅为高校英语教学制定相关的政策和目标，而且对教师的工作进行监督和分析、评估；国家政策对于教师的工作热情和积极性具有重要影响。奖罚分明的制度能够有利于教师在自己的工作岗位上兢兢业业、刻苦钻研、勇于付出，为国家培养出更多优秀的英语人才。三是学生的分配政策、相关证书获得政策等都对学生的学习产生重要影响。

（二）环境依据

环境依据对高校英语教学有着非常重要的影响。高校英语教学的有效实施需要社会以及学校等方面的积极配合，社会以及学校的外部环境、教学设施以及相关因素完善与否对高校英语的教学质量具有重要作用。

1. 社会环境

社会环境主要指经济发展状况、科学技术水平、人文精神、社会群体等对英语学习的态度以及社会对英语的需求程度等。社会环境依据对教学具有导向作用，是英语教学向前发展的动力。

2. 学校环境

学校环境主要涉及班级的大小、教学设施、教学信息、教学资料、英语课外活动、校风班风和师生人际关系等。学校是为学生提供学习场所和学习手段的最佳环境，它对英语教学的影响更直接。学校的教学质量、管理水平以及各种硬件设施的完善与否对英语教学的成败起着关键性作用。

（1）教学设备。教学设备是学校教学的重要组成部分。学校教学设备包括很多方面，如教室、图书馆、实验楼、办公楼、宿舍等。教学设备的完善程度直接影响着英语教学活动的开展。好的教学设施，如教学楼以及图书馆等都有助于增强学生的学习意识，一些语音教室和多媒体设备可以为学生的英语口语学习提供必要的技术支持，学生可以通过语音教室等提高自己的口语水平，这些设施也在一定程度上缓解了学生的学习疲劳，有助于激发其英语学习兴趣。

（2）教学信息。现代化的教学设施不仅可以为学生提供一些学习工具，而且可以拓宽学生的信息渠道。学生的英语知识既可以通过教材和课本获得，也可以通过互联网等来获取。

（三）教师依据

在英语教学中，教师不仅是传授知识，而且是教学活动的主要组织者和管理者。教师需要具备较强的课堂操控能力，能够调控学生的活动，设计出一些有助于激发学生积极性的教学活动，同时又能保证教学活动有序进行，使学生在参与教学活动的同时有所获益。

在大学阶段，教师教授的内容不仅是语言知识、语言技能，而且也包括语言知识背后的百科知识。教师的文化素质对高校英语教学意义重大。只有教师具有较高且全面的文化素质，才能在教学中将文化知识运用到教学活动中，使学生在语言学习的同时了解各个国家的不同文化，建立起跨文化交流的意识。

教师的心理素质也是影响高校英语教学的重要因素之一。作为一个合格的高校英语教师，性格应该既要外向，活泼热情，风趣幽默，又要沉着、冷静。外向的性格特点有助于教师调节学习气氛，激发学生的学习兴趣。而在教学活动中，教师应该沉着、谨慎，以严谨的态度对待教学。

综上所述，教师在高校英语教学中的地位至关重要，广大英语教师应该不断学习，不断探索，不断完善自身素质，以使自己跟上高校英语教学改革的步伐。

（四）学生依据

学生作为教学活动的主体，其学习观念、学习策略以及语言学习动机等都对高校英语教学效果具有重要影响。

1. 语言学习观念

语言学习观念指的是学生对语言学习的看法和观点。国外学者从语言学习观念的不同角度出发，将其特点总结为以下几点：

（1）稳定性。语言学习观念是学生知识储备体系中的一个重要组成部分。

（2）可描述性。学生可以借助提示或者回忆对自己的语言学习观念进行描述。

（3）易错性。学生的学习观念都是在各种情况下产生的，并非都是正确的。

（4）交互性。学习观念对学习中的很多因素都会产生深远影响，学生学习策略以及学习方法的选择等都会受其影响。

学习观念是影响学生学习的内在因素之一。大量的高校英语教学实践研究表明，成功的语言学生对于自己的学习策略和学习方法的选择、自身的知识水平等都有深刻的认识，能够针对不同的语言学习任务选择合适的语言学习方法和策略，便于快速高效地完成任务；不成功的学生则对于任务的完成等抱有一种消极的心态，这样也就不利于其学习策略的选择和任务的完成。

2. 语言学习策略

学习策略是指学生在学习过程中所采取的技巧、方法或者是有意的行为，以改善学习的效果，并使记忆的形式和内容变得容易。学习策略不仅关系到学生能否顺利地完成学业，关系到高校英语的教学质量。

（1）认知策略。认知策略是对知识的感知、加工、理解以及记忆时使用的方法。人脑对信息的处理遵循一定的认知规律，感知、加工、记忆和提取是信息处理的主要步骤，认知策略是提高学生信息处理效率的一种方法。认知策略对于英语基础知识以及语言技能的获得都有重要影响，语音、词汇、语法等基础知识的获得需要首先对这些知识进行感知，然后对其进行加工，最后达到提取、运用的程度。听、说、读、写、译等语言技能的形成必须依赖认知策略。技能的获得需要大量且有效的训练，在训练时，学生需要记录要点、不断发现自己的错误并改正，这些都离不开认知策略。

（2）元认知策略。元认知是对认知的认知，是一个人对自己的思维以及学习活动的认知和监控。元认知能够帮助学生判断自己在学习过程中对哪些内容是理解的，哪些内容是不明白的。元认知策略还能使学生对自己的认知过程进行计划和评价。例如，制订自己的学习计划，如果在计划的制订过程中能够很好地运用元认知策略，就会从自己的实际情况出发，在制订目标时更加符合自己的现状，也就可以更好地提高学习效果。总之，元认知策略对自身思维过程的控制和监督具有重要作用。

（3）情感策略。情感策略是学生对自己的情绪、动机、态度等的调节和控制方法。情绪、动机、态度对学生的学习效果没有直接的影响，但情绪、动机、态度等因素却能影响到他们的学习热情。情感策略可以有效帮助学生合理调整自己的情感。在遇到困难时，能够选择积极的情感给自己鼓励，努力调节自己的不良情绪，改善自己的精神面貌，这样更加有利于改善学习效果。只有在教学中拥有比较积极的情感，学生才能在教学活动中将自己的潜能更好地发挥出来，进而提高高校英语教学效率。

（4）社交策略。所谓社交策略，指学生利用自己的英语知识来调节自己与他人之间的关系，促使交际活动顺利进行。社交策略能促使学生在交际过程中注意文化以及风俗等方面的不同，减少错误的语言知识对顺利交际产生的阻碍。这对大学英语阶段的学生而言至关重要。

3. 语言学习动机

学习动机是指激发个体进行学习并使其行为朝着较高的学习目标努力的一种内在过程或内部心理状态，是促进学生外语学习的内在动力。对英语学习具有强烈动机的学生，其学习的目的明确，耐久力强，坚持不懈，学习中遇到困难之后不气馁，成绩较好。由此可知，语言学习动机对高校英语教学的影响是内在的，只有拥有积极的学习动机，从内心想要学习英语，学生才会全身心地投入英语学习中。

第二节 高校英语教学改革带来的新要求和新形势

一、高校英语教学改革带来的新要求

(一) 社会发展的要求

高校英语教学的发展不仅要看学生的学习成绩,而且要从教学手段等方面来考察。随着大学的扩招,英语师资的需求量与日俱增。然而,就我国现行的教育模式而言,还面临许多困难。在扩大英语硕士研究生招生规模的同时,也要加强在职教师的培训,以便更好地适应不同的教学形式。在教学目标、内容、方法、手段、评价等方面都要进行全面的改革,以适应新的教学环境,实现新的目标。此外,随着全球经济一体化进程的加快,国际交流和合作越来越多,人们与外界的联系也越来越紧密,仅依靠外语专业的人才已经无法适应迅速发展的国际形势。

(二) 时代需要高校培养出语言交际能力强、综合素质高的人才

改革开放以来,英语教学和学科建设得到了快速发展和提高,但仍然不能很好地适应经济、社会发展的要求。在经济全球化的今天,知识经济和科技飞速发展,社会需要的不仅是那些拥有理论知识的人,而且需要具有独立思考能力和价值观念的人。随着我国经济的迅猛发展,对英语专业的精英人才的培养提出了更高的要求,英语教育既要提升专业知识,扩大自己的眼界,又要提升英语技能,加强交际范围,提升语言交际应用能力,提升综合素质。

(三) 提高高校英语教师的整体素质与推动教学改革的意识

高校英语教师在学生习得语言知识以及提升学生交际技能力等方面扮演着十分重要的角色,因此,高校英语教师应注重提升自身的教学技能。在课堂之外,教师可以运用现代科技手段,突破时空结构,让学生在课后闲暇时间进行跨文化交流。同时,在教学过程中,教师应采取各种教学手段,如问题探究法、实物讲授法、任务式教学法、小组合作学习法等,使学生能更好地掌握跨文化交流的相关知识和应

用。教师也可以在课堂上申请一些与文化有关的选修课，采取小组式的方式，使每位同学有充分的表现机会。

二、高校英语教学改革带来的新形势

（一）教学观念的改革

长期以来，人们将英语教学的目标确定为培养学生听、说、读、写、译的能力，但在多元文化的背景下，英语教学应着重培养学生的综合运用能力，尤其是在听说方面，使他们在以后的工作和社交活动中能用英语进行流畅的口头和书面沟通，并培养学生的自主性和综合文化素养。为此，现代英语教学应该从两个层面进行改革：第一，从单纯的阅读转向注重听说，培养学生的综合应用能力；二是教学主体的变革，也就是从教师到学生的教育。这也是当前英语教育改革面临的一个重要问题。

1. 教学目标的改革

许多学者都认为，英语教学应该加强口头和书面，真正实现从知识传授到能力的转变。其实，教授知识和能力的培养是相互补充的。英语知识不只是语音、词汇、语法的知识，还包括各种不同的文化知识，以及从自己的经历中获得的经验形式的知识。许多课程都强调要注重学生的综合运用能力，通过传授知识来达到目的。只有通过对基本知识的学习与掌握，把这些知识转化为一种稳定的内在品质，并形成某种素质结构，才能实现对语言的全面应用。英语教育理念的转变，必须正确处理知识、能力和素质三者的关系，认识到知识是基础，能力是核心，全面素质是目标。

2. 教学主体的改革

教师要把教材中的知识传授给学生，更要培养他们的自主学习能力。在教学活动中，教师应以学生为主体，以学生为中心，主要负责组织、引导和指导学生的学业。可以看出，学生在语言教学中扮演着重要而关键的角色。

在以学生为主体的教学过程中，教师要对学生进行语言学习的规律与方法进行指导，鼓励学生进行积极的思维，真正实现以学生为中心的教育活动。

基于以教为主和以学生为主的教学理念，"学教并重"教学模式和"主导—主体"教学模式开始提出。所谓学教并重，就是既重视教师的教，也重视学生的学，也就是在教师教的基础上，以学生为中心，培养学生的综合语言能力。虽然在课堂上强调以学生为主体，但这并不意味着教师的作用就可以忽略，只有在教师教的基础上，才有可能提高学生的自主学习能力。"双主"与过去所提倡的"以学生主体""以教师为主体"的"双主"有着本质上的区别。"双主"指的是既要发挥教师的主导作用，又要充分体现学生的认知主体作用。

（二）教学内容的改革

1. 帮助学生构建个性化的英语语言体系

一般认为，对英语系统的学习和理解应该由英语语言学家、语法学家或教师来完成。但事实上，每个人都有一套语言系统，就特定的语言来说，它包括广义的系统和狭义的系统。在日常交流中，人们往往会根据不同的语言系统，使用自己的语言。语言学习是一个个体化的语言系统。所以，英语教学应帮助学生构建个性化的英语语言体系，并将其作为英语教学的主要部分。

英语是由语音、词汇、语法、文化和语境组成的一个有机系统。在课堂上，教师要全面而细致地揭示语言系统的组成成分及其相互联系，引导和协助学生对其进行理解；通过听、说、读、写、译等语言实践，了解、体验和验证英语体系和体系各要素的关系，使学生能够将语言知识内化，真正掌握语言体系，掌握灵活使用语言的技能。

2. 注重教学内容的更新

随着时代的发展，科学技术的不断革新和突飞猛进，人们的知识也在以"爆炸性"的速度增长，而与之紧密联系的教育内容也需要不断地更新和发展。在这种背景下，英语教学内容的变革与更新应从外延更新和内涵更新两个方面入手。所谓外延更新，指的是在教学时间、课程门数、教学容量等方面进行更新。所谓内涵更新，是指将知识分解，根据教育培养目标和思维逻辑，进行适当的组合和优化，减轻个人在学习过程中的心理压力。强调综合运用语言知识的综合能力，应当注重对语言内部的规律、知识之间的内在联系、知识的完整系统的构建。所以，要将二者紧密地联系在一起，提高学生整体的语言素质。

（三）教学方法的改革

正确运用教学法是英语教学改革的一个重要步骤。在英语教学中，可以采用多种教学手段，例如：文法——翻译法、直接法、听说法、认知法、交际法、自然法、暗示法等，这些方法在英语教学理论与实践中都有很大的促进作用。这些教学方式是各个时代各种教育理念的结合，它们既丰富和充实了英语教学的体系，又过分强调了某一侧面。

近年来，国外一些新的教学方式被引进国内，为英语教师拓宽了视野，同时也为英语教学带来了新的生机。面对不断更新的教学方法，教师应保持清醒的头脑，吸收其中的优点，使其为自己所用。在实践中，教师要从学生的需要出发，采取最有效的教学手段，逐渐建立起自己独特的教学方法。

1. 进行课堂提问，活跃课堂氛围，调动学生积极性

英语教学是一门实践性很强的学科，没有丰富的实践经验，很难很好地掌握和运用外语的能力。而作为重要教学工具的课堂提问，不仅可以激发学生的积极参与性，而且可以活跃课堂气氛，为学生提供语言实践的机会，达到不断提高英语教学水平的目的。因此，教师在课堂教学中要善用这一手段，在实施此项教育的过程中注意下列问题：

（1）运用启发式教学法，提高学习的主动性，要让充分了解学生对教学内容。作为教与学双边活动中的教师，要对每一个环节进行细致的思考，合理安排每一步、每一个细节，对教学活动进行预测，以便对可能发生的问题有足够的心理准备。同时，教师在教学过程中要注重启发式教学，充分调动学生的主动性，激发他们的好奇心，鼓励他们积极思考，使他们融入教学中去，从而培养他们的思维和分析能力。

（2）要掌握学生的基本语言知识，根据不同的特点进行教学。学生是教学的主体，所以教师要了解学生的学习状况，了解他们的知识，理解他们的语言能力。只有对学生有了一定的了解，才能在课堂上有针对性地提出问题，让每个学生都有机会参与，这样才能让他们在课堂上学得更好。

（3）在学生提出问题时，要正确处理。在进行语言交际时，难免会有学生犯错误。行为主义心理学认为，语言的学习是一种激励—反馈的过程，需要纠正错误，从而形成一种动态的习惯。人本主义心理学认为，在语言沟通过程中，出现一些失误是很常见的，这是一种从不完整到完美的转变，不需要纠正，这些失误在今后的语言交流中会逐渐改正。在教学过程中，教师要根据学生的实际情况进行正确的指导。

2. 采用多种教学方法，启发学生思维

生动活泼的课堂更能引起学生的兴趣，也更容易使其全身心地投入课堂学习当中。作为课堂教学的主导者，教师可以充分发挥学生的主动性，激发他们的主动性，提高他们的学习效率。此外，因为课文的内容是预先写好的，所以在讨论的时候，学生可以主动发表自己的看法，让课堂上的气氛变得活跃起来，让学生在不知不觉中就能学会阅读，从而提升自己的学习热情。

3. 通过英语游戏、竞赛的方法激发学生的兴趣

兴趣在学生的学习中扮演着重要的角色，是学生乐于钻研、勇于攻克难关的推动力。因此，在教学中，教师应对此给予足够的关注。教师可以通过英语比赛等方式进行教学，英语比赛可以提高学生对英语的兴趣，有利于培养他们说话的习惯和能力，也可以促进学生积极思考。英语游戏可以缓和课堂气氛，营造出一种轻松、和谐的教室环境。

另外，教师也可以在课前、课间和课后为学生播放英语歌曲，并将空格中的歌词发给学生，以便他们能够完成。这种方法既能缓解学生的疲劳，又能活跃课堂氛围，锻炼学生的听力和发音。

英语教学的过程就是教师在指导下运用语言进行交流的过程，教师要用自己的热情、充沛的精力和严谨的态度感染学生，使他们主动参加教师所安排的各种训练活动，从而达到交流的效果。

第三章 文化理念与高校英语学习及其重要性

第一节 文化与文化学习的基础认知

一、文化的基础认知

(一) 汉语中的"文化"

"文化"一词在汉语中古已有之。从文献记载来看,早在2000多年以前,就已出现对"文化"一词的解释。"天文"和"人文"是对立的,"天文"是天道自然,"人文"指社会中的道理。

"文"和"化"两个字在西汉时才真正地融合成了"文化"。西汉刘向在《说苑·指武》中写道:"圣人之治天下也,先文德而后武力,凡武之兴,为不服也,文化不改,然后加诛。""文"和"诛"是两种完全不同的治理社会手段。其大意是:圣人治理天下,先施以文德教化,如不奏效,再施加武力,亦即先礼后兵的意思。但在当时,人们对"文化"一词的理解并没有达成共识。直到唐代,孔颖达对"文化"提出了比较有见地的解释。他认为,文化主要是指上层建筑中的文学艺术、风俗礼仪等。

当然,中国古代对于"文化"的理解仍然是从狭义的精神层面上考虑的,如人类的精神、智慧、意识及其创造的成果等。因此,并不能算作是文化的定义。

(二) 西方语言中的"文化"

西方语言中,"文化"一词源自拉丁文"Cultura",包括耕种、居住、耕作、训练、培育动植物等与物质生活有关的各种意义，还有敬神、注意等与人的精神生活相关的含义。

(三)"文化"的定义

文化的定义为：广义上，是指在人类社会的历史发展进程中，所产生的物质与精神的综合；狭义上，是指社会思想，和相应的体制和组织。也就是说，文化是人类社会所特有的现象，它是人们社会实践的产物，由人创造并为人所特有。而人们今天所指的文化，主要是指各个国家的历史地理、风土人情、生活方式、传统风俗、行为规范、文学艺术、价值观念等。

总体来说，文化具有以下几方面的特点：

1. 文化既是特有的，又是共有的。文化的特有性是指每个国家与民族都有其独立的、完整的文化。文化的共有性是一种普遍的概念、价值观和行为规范，是一个共同的标准，可以让个体的行为能力被群体所认可。当然，在共有的前提下，即使在同一社会内部，文化也可以具有不一致性。

2. 既然文化要通过符号系统来传递，那么它并不是通过遗传而天生具有的，而是通过学习得来的。

3. 任何一个人，从他一出生，便处在某种文化环境和氛围当中了，这是他无法选择的客观存在。同样，每一个人也都是文化创造与文化参与的个体。

4. 文化是由不同的外在或内在的行为方式组成，它们以符号体系彼此传递。文化的核心信息来自历史传统，它具有清晰的内在结构，并有其自身的规律。

5. 文化既是一种社会现象，也是一种历史现象。一方面，文化是正在进行的、不可停顿的生存活动；另一方面，文化又是寓于当下的生存活动中并调节、规范、控制、影响这些生存活动的知识、价值与意义。

6. 文化具有相对独立性。尽管每个人都无法逃脱文化而存在，人们也仅仅是无法逃脱地存在于自身所创造的文化世界中。人作为承担者，使用文化并通过文化来充实自己，而文化却可以与其承担者分开，从一个承担者向另一个承担者转化。

二、文化学习的基础认知

关于文化的定义，从人类学家到语言学家，从心理学家到社会学家，每个人都有自己的观点和定义，反映出其复杂多样的文化意蕴。

笔者认为，英语学习者的文化学习应包含以下三个方面：英语价值观、思维方式；英语中的文化内涵与母语文化有明显的差异；与日常生活紧密联系的实际的文化内涵。前者是"隐性"，后者则是"显性"。英语文化中的隐性文化内涵是最深层的文化，它直接影响着人们的行为、思维和情感。这也是英语文化教学中最困难的一部分。

（一）文化体验

文化体验，是指在英语文化中，对文学、艺术、衣食住行的广泛的英语文化背景下的一种全面的体验。"文化经验"是一种以"文化"为潜质的"学习经验"。文化体验主要包含三个方面：理解文化信息、体验文化实践活动、理解文化观念。文化体验是指能够理解和接受英语文化中的文化知识和信息，并能够感受到英语文化的行为、风俗、传统等方面的文化内涵，并理解英语文化中所体现的观念、态度和价值观。在这个过程中，要营造英语文化的学习氛围，学生要通过多种途径，比如直接或间接地与英语国家的英语教师、学生进行直接或间接的沟通，多看或读英语文学，多收听英语广播。在体验活动中，要注意感受和理解英语文化知识、信息等显性的内涵，而英语学习者要充分地了解和理解这些隐性的行为和观念。

（二）文化反思

学生在文化学习的过程中，对于二语文化的理解与接受，会受到他们的文化心理结构的限制，特别是受其价值观念、思维方式和情感方式的限制。所以，学生在对待英语文化和本土文化的时候，要重视文化的反省，以理性的态度对待文化差异，让文化学习的进程变成双向交流、融合和创新的过程，通过比较、鉴别、选择和创造性地融合，在继承英语文化的优秀传统的同时，通过文化融合的方式实现自身的表达和发展，形成一种健康的文化自觉。

（三）英语学习者与文化学习的关系

在不同的阶段，文化学习活动的内容是多种多样的。在学习过程中，应注意逐步提高，根据自身的能力，合理安排适合自身学习的内容。以下活动从浅到深依次进行。

1. 经验交流

学生的英语学习可以通过感觉和直接的活动来完成。比如，通过观看英语文化相关的视听材料，让学生通过对话、角色扮演、模仿表演等方式来模拟英语的日常生活，了解英语文化中的人们所遵循的交流方式。

2. 认知行为的非语言交流

人与人之间的沟通有语言和非语言。非语言行为同样可以表达思想、情感、社会关系等方面的信息，如体态、目光、手势、表情等，因此，学生应注意观察、感知英语文化人士的非语言交流形式，并理解其背后所包含的交流内容。

3. 比较不同的文化差异

在对英语文化有所认识后，学生应该在日常生活和价值观等方面，区分英语和文化之间的差别。

英语习得中，文化的学习起着举足轻重的作用。学生在提高自己的语言水平的同时，也要注重英语文化的学习和文化交流。只有掌握了熟练的语言才能进行有效的交流。

第二节 影响文化学习的因素

文化学习是心理成熟、认知发展和行为调节的复杂过程。文化差异、文化体验、学习环境、学习时间等因素都会对文化学习产生不同的影响。

一、文化差异

人类文化是一种普遍的文化，它包含了主观文化（观念、价值、思维方式）和客观文化，反映了人们在物质和心理上的普遍需求。然而，由于社会背景的不同，这些文化类型的具体表达方式也不尽相同，这就是文化的差异。

文化差异对文化学习的影响程度是不同的。人们普遍认为，不同的文化学习会变得更加困难；反之，若本土文化与目标文化相近，则更容易掌握。

不同文化之间的差异会导致更多的文化学习内容，从而使学生的认知结构更加丰富、更加灵活。从某种程度上讲，文化学习是一种文化差异的学习，它可以帮助学生理解和学习与自身文化相适应的生活模式和价值观，加强与目标文化团体的沟通，提高其对文化差异的敏感度和跨文化意识，从而达到提升文化交流能力的目的。

笔者认为，在制订文化课程计划时，应全面、深入地比较二者的异同，并归纳出二者的异同，并合理地组织文化差异，使学生在心理、认知、行为等方面取得实际的提高。但是，文化差异对文化学习的影响并不一定都是负面、消极的。笔者认为，文化差异越大，文化学习的价值就越大。学习与自己本族文化差异很大的文化，更有利于增强文化差异的敏感性和跨文化意识，它可以促进学生对自身的文化、生活习惯进行反思，同时也有助于学生在跨文化交流中提高其灵活性。

二、文化体验

在文化学习中，学生的文化经历有三种不同的效果。

第一，学生的文化经历使他们对特定的文化观念比较熟悉，而对其他文化观念比较陌生。教育心理学的研究显示，学生对所学知识的认知水平有很大的影响。在英语教学中，一般提倡选择学生所熟知的主题，在所熟悉的教材中加入新的知识，以维持学生的学习兴趣，并能更好地吸收新的知识。文化是人类对经验进行组织和理解的内在机制，学习者对新观念的理解是以其自身的文化经验为前提的。

第二，人们对新的文化体验进行了重新认识和组织。心理学研究表明，有些文化具有场依赖性的认知方式，而有些文化则偏爱于场独立性。前者以整体的眼光看待周边环境，趋向于综合、概化，强调协作与协调；而后者则能感受到具体的、独立的项目，不依靠别人或周围的环境，关注具体的细节，并喜爱使用标准的表格。国外有关学者在列举了几个心理学实验的基础上得出结论说："在没有外界干预的情况下，人们通常是根据他们自己以前的经历和期望来筛选和阐释刺激的。"从这个结论中可以得到这样的启示：学生在学习一种与自己的本族文化差别很大的文化时，可能对目的文化的一些刺激不够敏感，不能去感知，所以教师要想办法把学生的注意力吸引到这些文化上来，以帮助学生深入了解它们。

第三，不同的文化在表达、输入、反馈、输出等方面采取了不同的模式，具有不同的倾向性，并且不同的文化经历会影响到人们的信息输入与输出。因此，在进行文化教学时，一方面，要根据学习者对信息的输入、输出特征进行分析，并采用多种信息输入、输出方式，以激发学生的各种方式进行响应，以适应学生的学习特征；另一方面，要使学生理解并接受多元的输入与输出方式，以提高学生的学习能力。

总之，在文化学习中，学生的文化经验可以影响到学生的认知和认知方式。文化教学必须充分考虑学生的这些特点，以文化多样性为原则，设计教学活动，这样做有三方面好处：其一，它使不同风格的学生享受均等的教育机会；其二，它促进外语教学，因为语言学习与其他学习一样都是从已知出发去发现未知；其三，它有利于实现外语教学促进文化理解的目标，因为文化理解的一个方面就是培养学生感知模式的多样性和灵活性。

三、学习环境

文化学习环境对文化的学习与教育方式产生一定的影响。由于外语教学的文化教学受到一定条件的制约，因此，教师在教学活动中应根据学生的认知、心理和行为的不同层次进行设计，设计具有可行性的任务和活动。

四、学习时间

学习英语的时间长短对英语学习有一定的影响，而文化学习的内容与方式也会因年龄而异。儿童期是认知发展的最重要阶段，其整体的智力水平、基本的感知、认知结构、个性等都是从童年开始就开始的，并在后来的人生中逐渐发展和巩固。

如果儿童时代是感知模式和认知图式形成的关键阶段，那么英语文化教学就应该在这个时期向学生灌输多种感知和认知模式，扩大他们的视野，增强他们理解事物的灵活性和多维性。进入少年时代的孩子们，从生理上正处于向成年过渡的阶段，正是身份感和归属感形成和加强的时期，而且也是人们对他人或他群态度变化最大的时候，所以这个阶段文化教学就应该以培养学生对目的文化积极、肯定的态度，增强文化相对论思想为中心任务。

文化学习的影响因素包括：学生的性格、两种文化的相互关系。在进行文化教学时，应充分考虑到上述因素，合理地规划文化学习的总体框架和具体的实施步骤，使学生能够适应不同的学习需求和社会情境。

第三节 语言与文化的关系

语言与文化有着复杂的关系，仅从单一的角度进行分析难免有失偏颇，下面就从辩证的角度对二者的关系进行分析。

一、交叉关系

国外有关学者认为，语言和文化是一种交叉关系。语言是人们通过观察他人行为或直接学习的方式得来的知识。根据这一观点，该学者将文化分为以下三类：

一是通过观察学习到的知识。二是通过直接学习和体验获得的知识。三是人类共享的普遍认同的知识，不需要互相学习即可获得。

该学者指出，语言并不全都是从文化中获取的，部分语言形式是个体通过直接学习或自身经验获取的，因此语言与文化的交叉部分是个体从他人那里习得的语言形式。

二、促进关系

语言与文化的关系十分密切，从整体上来说二者处于互促互进的关系中。

一是文化发展中的语言。人类创造、使用、发展、完善了语言，而语言的出现，则使人类拥有了文化。语言的这种作用，也决定了它的文化性质。语言是一种文化的载体，它是一种文化的反射。二者有着紧密的关系，也有不同的特点。文化是无法脱离语言而产生的，而文化的变迁与发展更是无法脱离语言的变迁与发展。文化从诞生之初就与语言紧密相连。

二是文化推动语言的革新。社会文化的发展同样也会对语言的革新起到重要的推动作用。在文化发展的前提下，语言体系才能不断地完善与丰富。如果没有文化的发展作为前提，语言则无法进行革新。

三、依赖关系

语言是实现文化传播的重要形式载体。它不仅能够将文化的整体信息完整地保存，并且语言又可被视为一种极为特殊的文化现象，它能很直接地体现一个民族的文化和精神。因此，语言文字具有统一性的特点，它是作为一个国家凝聚民族精神并传承优秀历史和文化的主要渠道而存在的。

四、互动关系

语言同文化间的关系非常密切，二者不能脱离彼此而存在，而是始终处于一种共生、共存的状态中。语言属于文化的一分子，同时语言本身其实也是文化的一种表面形式。从表面上来看，一些分属于不同文化系统下的人们，其各自的语言活动特点也通常有所不同。

第四节 英语文化教育在英语学习中的重要作用

一、英语文化教育的必要性和重要性

语言与文化之间存在互相渗透、互相影响的关系。如果人们希望对一门外语有所了解，或对一门外语有深入的研究，就必须了解和学习该语言国家的文化。否则，文化的交流就会出现冲突和误会。

二、英语文化背景知识在英语学习中的作用

（一）有助于学习英语习语

语言中的词汇与民族文化有着密切的联系，而在词汇中，最能反映出民族文化发展和演变的因素就是习语。习语是一种语言的精髓，它与当地的地理环境、历史背景、风俗习惯、价值观念息息相关。

（二）有助于学习英美文学作品

文学是一种文化的表达。对英语国家的文化环境不熟悉，就很难理解英语国家的文学，更无法感受到英语作为一种语言对文学的巨大吸引力。英语文化教学是学好英语必不可少的先决条件，只有如此，人们才能减少在英语学习过程中产生的文化冲突与摩擦，并从文化内在着手，全面有效地掌握这种语言。

第四章 高校英语语言教学的体系构建

第一节 高校英语语言教学

英语在世界范围内使用度较高。但是，经过实际调研发现，目前我国高校英语教学中还存在许多问题，如对英语教学的重要性认识不足、英语语音环境的缺失等，对英语教学的质量造成了一些影响。如何提高英语教学质量已成为广大教师的首要问题。

一、我国高校英语语言教学的现状及问题

（一）忽视英语语音教学的重要性

英语语音在高校英语教学中是一个关键环节，一些教师认为只要在中学阶段就能学会英语发音，而忽略了大学阶段进行英语教学的重要作用。教师的发音不正确，很容易造成错误。如果教师不纠正学生的发音错误，就会对英语教学造成很大的影响。

（二）英语语言思维的训练缺乏科学的教学指导

英语思维的提高是在长期的学习过程中逐渐形成的，英语思维的形成与发展与英语的整体能力息息相关。英语教学以英语思维为核心，没有足够的实践经验，很难将英语思维的培养付诸实践。

二、解决高校英语语言教学的措施

（一）提升学生对英语语言教学的认识

要提高英语能力，必须提高英语教学质量。英语是高校教学的一项重要课程，

要让学生真正地学好这门课程，必须对语言学的基础理论和基础知识有一定的了解。强化英语知识的教学，不仅可以提高英语能力，而且可以激发英语学习的兴趣，让他们积极地投入课堂中来，从而提高英语教学的质量。

（二）增强教师语音教学意识

高校英语教师要提高自己的英语教学意识，在教学中起到表率作用。英语发音的学习，主要是靠模仿教师来完成的，而教师是否能够做出好的表率，则成为英语发音的关键。同时，在英语教学中，教师也要让学生充分了解英语发音的重要性，使他们投入英语语音的学习中。

（三）合理安排教学内容，侧重基础知识

英语教学内容广泛，但由于各高校教学时间的限制，使得完整的教学章节难以完成。因此，在教学过程中，教师要合理地安排教学内容，突出教材的主要内容，主次分明。教师要把英语的语言教学作为中心，重视其基础的教学。

（四）大胆创新，营造良好的教学环境

在汉语背景下，英语教学对英语思维的培养有很大的影响。为此，高校应该采取全英文形式的教学方式，或聘用外教担任英语教师，为英语教学提供一个较好的英语教学环境。教师必须采取相应的对策，以提高大学英语的教学质量。例如，提高英语教师的语音教学意识；合理编排教学内容，注重基本功；通过大胆创新，创造一个良好的学习氛围，提高英语能力，从而为英语教学的发展打下坚实的基础。

第二节 高校英语语言教学中的文化导入

英语作为一门专业课程，在高校教学中具有重要的地位。英语的学习，不但有利于优化高校的知识结构，培养学生的综合素质，也有利于提高高校的国际化水平和更好地培养国际化的人才。但是，目前的大部分大学生拥有丰富的英语基础知识和运用技能，而对英语文化有一定认识的学生却很少，这不但会极大地限制他们的英语交际能力，还会对英语教学的质量产生一定的影响。如何把英语文化引入高校

英语教学中，使其与英语知识的学习融合，使学生更好地提高英语技能，是目前高校英语教学亟须解决的一个重大课题。

一、高校英语教学文化导入的必要性

（一）文化导入是语言交际的内在需求

文化是语言的母体，而语言又承载着文化。在人类社会里，任何一种语言都与一种特殊的文化形态有着密切的联系。掌握一门外语，不仅要掌握基本的词汇和语法，而且要掌握相应的社会地位、语境和社会意义。

（二）文化导入是跨文化交流的必然要求

随着科技的发展，世界各国、地区、民族之间的文化交流日益频繁。英语是当今世界上使用最多的语言之一，在中外文化交往中具有重要的作用。文化交流的内容要远大于语言的传播，其内容既包括语言的沟通，也包括影视、音乐、娱乐、文学等各个方面的沟通，而跨文化的沟通能力，除听、说、读、写、译能力以外，还包括对目标语的文化认识。在英语教学中引入文化是提高学生跨文化交际能力的必要手段。

二、高校英语教学文化导入的原则

（一）循序渐进的原则

"文化"一词的含义，不但是宽广的，而且是精细的。从前者的角度看，文化涵盖了文学、艺术、科学、技术等各个方面；至于后者，一个人的言行举止、衣着、生活方式，无不反映着一种文化。所以，学习文化与学习知识是两回事，很难一蹴而就，取得成效，要从日常生活和学习中了解、思考、领悟，方能有所收获。在高校英语教学中，教师在进行文化导入时，也应遵循循序渐进的原则，以长期的积累和坚持不懈的毅力，使英语文化从书本中渗透到学生的内心。

（二）整体系统的原则

多样性、丰富性、层次性是所有文化形式的特点。在英语文化中，要注意文化

的成分与差异，要从总体上把握文化，从而更好地了解特定的文化现象和文化形态。在高校英语教学中，教师要重视英语的文化思考，同时要重视对英语的基本特征的认识。

（三）开放性原则

英语文化具有丰富的内涵和广泛的外延，单靠高校英语课堂上的有限时间是不能使大学生在英语文化中形成一种很好的感受和适应能力的。因此，在英语教学中，教师应坚持开放的思想。在教学形式上，要积极开展"第二课堂"，形式多样，手段灵活，要鼓励学生看英语电影，听英文歌曲和英语广播，读英语杂志，与外国人广泛交流。学生应该充分认识英语国家的文学、科技、历史、政治、艺术、风俗习惯等。

三、大学英语教学文化导入的策略

（一）文化对比教学

在英语的日常教学中，文化对比教学是一种行之有效的方法。中外两种语言之间存在显著的差异，但又存在许多相通之处，因此，在教授英语知识时，应充分运用中外两种不同的文化因素，使学生更好地了解英语文化，更深入地掌握英语的文化知识。

（二）信息化教学

随着我国高校教育信息化建设的不断深入，各大高校已基本具备了信息化教学的条件，从而促进了英语文化的引入。高校英语教师应主动地运用学校的教育设施与资源，以促进英语文化的导入。首先，要丰富英语文化在课堂上的导入，如利用视听设备播放视频、音频，投影设备播放图片、PPT 等手段，使英语文化的展示更加生动、形象、具体。其次，要丰富英语课堂的内容和材料，充分利用网络等资源，把英语电影、音乐、绘画、文学等引入课堂，使英语教学更加丰富、有趣、多样。

（三）课后补充教学

高校英语教师应充分利用课余时间，进行"第二课堂"和"零散"教学，扩展文化导入。"第二课堂"的形式多种多样，以加强英语文化的实践性为目的；而分散式的教学方式则是以知识为基础。英语教师可以利用社交软件，在闲暇之余向学生介绍英语文化方面的知识，以及与学生的生活息息相关的英语文化常识，使他们逐渐了解英语文化。

总之，教师将文化引入高校英语教学中，无论是对英语教学本身，还是对提高大学生英语运用能力而言都有重要意义。

第三节 高校英语语言教学中的文化渗透

在高校英语教学中，文化渗透是英语教学的一个重要环节，也是提高学生语言文化认知的重要载体。做好高校英语语言教学中的文化渗透，具有重要的教学帮助。

一、高校英语语言教学中文化渗透的价值

高校英语语言教学中，教师需要进一步培养学生的思想认知，提高学生对英语语言背后蕴含的文化差异的认知能力，并基于自己的思考来合理处理这种文化差异，实现语言的迁移。基于这种思考，在高校英语语言教学过程中，教师要教授学生英语语法、词汇等内容，也要针对英语国家的文化知识和使用习惯等进行集中引导，使学生的英语知识储备可以真正同实践应用对接。同时，在英语教学中，教师在引导学生掌握基础知识的基础上，还应深入了解语言的文化背景，以便能够更为系统地提升英语交际能力。此外，教师应该在高校英语教育中融入文化教育，推进文化渗透，全面培养学生的文化交际能力。

二、高校英语语言教学中文化渗透的现状

从目前的教学情况来看，高校英语语言教学在文化渗透方面缺乏系统性，教育活动的开展存在一些不足，具体表现为以下四个方面：

（一）重视程度不够

在实际教学中，一些高校英语教师在讲解英语语言学科时，重视对英语的词汇、表达等方面的讲解，力求提升学生的语言表达能力，而在文化渗透方面，教师

的重视程度并不高，没有将此作为重要的内容加以推进。在这种情况下，一些学生掌握的英语语言受到较为深刻的中国文化影响，进而影响了英语语言应用的效果。

（二）文化渗透的方法较为单一

高校教师在具体教学过程中，会对一些英语语言同汉语语言的差异进行讲解，但是这种文化渗透的方法较为单一，个别高校英语教学中文化渗透的效果还有待提升。

（三）文化渗透的资源不够丰富

高校教师的教学素材无法满足实际需要，且讲解的深度也不够完善，难以形成系统的知识结构。学生无法通过大量的素材进一步了解英语语言文化，无法理解西方国家的文化内涵和价值观念，制约了学生全面掌握系统语言文化知识的可能性。

（四）缺乏对比思考

语言文化教学中，存在较为明显的知识迁移问题。如果教师在教学中不对学生进行针对性讲解，学生很难形成一种客观的语言模式思维，所以，当学生接触这些语言环境和生态时，往往只通过我国文化思想进行交流和思考，自然会产生差异。正因如此，在教学中理应重视这种差异，做对比教学。但是从目前来看，部分高校英语语言教学普遍缺少中外文化差异方面的对比，造成了学生学习效果大打折扣。

三、高校英语语言教学中文化渗透的策略

高校英语语言教学中的文化渗透要基于学生学习需要展开，正视差异，比较差异，采取多种方式进行推进。具体来说，可以从以下几点展开思考。

（一）引导学生形成文化渗透的意识

在教学过程中，英语教学既要引导学生掌握英语技能，也要重视引导学生养成文化渗透的意识，让学生认识到语言和文化是不可分割的，语言是文化的重要载体，而文化是语言的内涵，二者缺一不可。因此，教师要重视引导学生养成这种认识，通过语言的载体作用，让学生有更多的空间去思考中西方文化差异。

(二) 创新英语教学文化渗透模式

在高校英语教学中，教师要创新英语教学文化渗透模式，采取多元化的英语教学方式，引导学生挖掘英语语言背后的文化内涵，并据此对英语文化有更加深入的认识。例如，可以开展比赛，让学生对英语词汇进行延伸等。通过这种比赛，让学生发挥自己的认知，而教师则对此进行延伸，提高英语语言学习的质量。此外，教师可以引导学生同外国人交流，表达一些文化差异和语言表达的不同；也可以设置游戏，在寓教于乐中获得全面的英语语言知识。

(三) 全面挖掘文化语言资源

教师要重视语言文化的差异，继而全面挖掘文化语言资源，为学生提供丰富多样的文化内容。例如，可以通过观看电影引导学生了解一些特殊的文化语境内容。教师可以引用电影剧情，帮助学生了解其具体内容。在这种引导下，学生自然就对此有了深刻的认识。同时，教师也可以同外国交换生、留学生沟通，以及同相关企业展开对话等，引导学生有更多的机会接触不同的文化内容，帮助学生理解这种差异。

(四) 强化对比教学

教师要引导学生对语言文化进行对比，了解语言背后文化的差异，帮助学生了解语言表达习惯的差异。高校英语语言教学中，教学内容要更为客观，要重视文化差异和语言表达方式的不同。同时，教师要重视文化的渗透，通过更为灵活多样的方式引导学生了解和训练这种语言模式，重视语言背后反映的文化内涵，并通过对比研究，全面提升学生的英语语言认知，从而帮助学生更为科学、客观地掌握和应用所学知识。

第四节 任务型语言教学模式在高校英语学中的运用

任务型语言教学是一种以分配任务来完成一件事情的方式。从20世纪80年代开始，它在许多领域都有了很大的发展，特别是在语言学习中。尤其是它的核心内容，如预备阶段、循环阶段、语言知识要点等，对学生的学习有了积极而深刻的影响。在此过程中，学生的潜能被挖掘出来。通过参加活动，可以提高学生的协作和团队意识，提高他们的口语、书面能力。此外，在培养学生的个性和对学习语言的关注方面，也是任务型英语教学的一大特点。目前，该课程在高校英语教学中发挥了很大的作用。为了达到高校英语教学目标，教师纷纷采取了这种方式。

一、任务型教学法的主要原则

（一）任务型教学模式的目的性

在任务式教学中，每件事情都不会毫无目标、随意而为。学生在完成作业时，所做的一切都是在教师的脑子里预先构思好的。它的终极目标也与现实生活有着密切的关系。目前，教室里的研究课题很有可能是关于将来步入社会的学生的一种模拟。

（二）任务型教学的深度和多样化

在这种教学模式下，教师所选的课程应更贴近实际，适合学生学习；难度要适度，尽量满足全班同学学习英语的需求；要做到多元化，要有开放性。如果是以团队的方式完成，则要保证每个成员都能参与到特定的工作中来，以防止团队成员被边缘化。

（三）任务型语言教学模式的开展形式

任务型教学模式要从日常生活中充分借用材料，要大胆地突破传统，加入一些学生喜欢的元素，让他们更好地融入自己的生活。

二、任务型语言教学模式在高校英语教学中的运用过程

许多语言学家把任务型教学分成三个步骤，分别是：执行之前、执行阶段和总结。根据笔者近年来的教学实践，下面从教学实践出发，详细阐述任务型教学的各个环节。

（一）任务实施前阶段

在正式实施任务型教学之前，必须充分调动学生的学习积极性。在这个时候，

教师的语言特别重要，要注意措辞，不能太过苛刻。这一语言的目的是尽可能地使它具有可视性和亲和性，力求缩短师生和英语之间的距离。教师还需要将报告的时间和内容写得清清楚楚，注意学生的一举一动，防止学生被边缘化。遇到有疑问的学生，教师会耐心地回答；遇到有自己独特观点的学生，教师就会安静下来，认真聆听。

（二）任务实施期间阶段

教师可以根据教学大纲，把学生分为若干个组，每个组都有一名组长，负责不同的工作。比如，如何给一个朋友过生日；如何介绍我国的风景名胜；当他人有难时，如何去帮助他人等。通过对课文内容的理解，使学生能够在舞台上进行模拟。最后，以团队的方式进行报告。

（三）任务总结阶段

每个小组的成员都会对成绩进行报告，然后由教师及时对他们进行评价。在评论时，教师不能仅仅根据工作的完成程度评判这次活动，学生在完成工作时的某些行为也要列入最终评估。在总结过程中，要把学生在表演过程中出现的一些常见的词语进行归纳、整理，以纠正他们在不经意间出现的失误。在学生练习的时候，教师会让他们在同学面前示范。

因此，任务型英语教学是一种真正的"以学生为本"的教学方式，能够使学生和身边的同学进行充分的沟通和练习。因此，从根本上提高高校英语教学的有效性，必须把理论与现有的教学实践有机地结合起来，确保英语教学顺利进行。

第五节 互动式教学在高校语言教学中的应用

一、互动式教学的内涵

互动式教学是指在语言教学过程中，教师与学生通过交流沟通达到共同发展、共同学习的目的，完善整个教学过程。在高校的整体教学中，互动式教学可以有效地改善学生的被动学习状况，提高学生的学习热情，使学生的英语综合素质得到提高。

互动式教学就是让教师与学生共同合作、共同完成学习,把教与学联系在一起,是一种相互促进、有序发展的整体活动,从而促进师生关系的融洽,增强师生之间的沟通与共鸣,提升整体的教学效果。

二、应用互动式教学的必要性

(一)增进师生交流

互动式教学通过加强师生之间的互动,提升学生的听力和语言表达能力,学生在不知不觉中与人进行交流与互动,从而提高了英语听说读写译的水平。

(二)拉近师生感情

互动式教学能够更好地增进师生间的沟通,让学生不再畏惧教师,与教师更亲密,进一步提升学生的表达能力,而教师也能在这一过程中了解学生的心理需要和学习需求,学生与教师的互动会更加及时准确。

三、互动式教学在高校语言教学中的优势

(一)培养学生的发散性思维

在互动式教学开头,教师都会提出一些基础问题,这样不仅可以激发学生的学习热情,而且可以激发他们的好奇心,让他们在交流的过程中获得更好的训练,发展他们的思维。

(二)提高学生的语言学习效率

教师会进行大量的互动,让学生在不知不觉中就掌握了大量的语言知识。在互动式教学中,所学的知识都能给学生留下深刻的印象,如单词接龙、辩论赛等,回家后也可以自己动手制作。

四、如何在高校语言课堂运用互动式教学模式

(一)创设语言氛围

高校课堂教学中,语言氛围是十分重要的,只有活跃整个课堂氛围,才能让学

生更好地投入课堂。所以在整体互动中，教师必须掌握营造互动氛围的方法，根据学生的认知规律，实现语言的理解。教师在创设教学情境的同时，使学生能够就教学的总体内容展开讨论，通过活跃课堂气氛，让教师与学生进行互动，了解学生存在的缺陷与需要学习的内容，提高课堂效率。

（二）加强课堂之间的关联互动

在教学过程中，师生间的交流是非常重要的。互动式教学作为一种交互方式，学生的交流度与参与度明显提升，教师设定教学目标，根据教学目标有计划地进行探究问题的设置，让学生根据任务共同思考，解决问题。

（三）建立评价互助机制

教师与学生的互动，以及师生间的交流，教师都可以建立评价机制，让学生在小组互动中进行合作交流和对比打分，从而在语言学习上取得更大的进步。在互动式教学中，学生之间的语言水平不同，教师的评价方式应有差别，教师在评价的过程当中需要掌握评价技巧，改善教学方法，通过对教师和学生的评估，可以使他们认识到自身的缺陷，达到教师与学生的双赢。

简言之，引入互动式教学能够有效缓解学生被动学习的现状，极大地提升高校语言学习的质量，为学生的发展创造更多的机会，使学生更加积极主动地参与到语言学习中，为今后的发展打下更加坚实的基础。

（四）丰富互动式教学活动

其一，角色扮演互动式教学活动。角色扮演的运用要建立在创设良好教学情境的前提下，让学生扮演各种角色，在扮演的过程中学习英语，开展互动，促使学生对于英语学习内容的理解以及印象更加深刻，更加轻松地掌握知识。例如：教师可以创设晚会教学情境，让学生扮演主持人，其余学生扮演表演者，主要介绍自己表演的内容，不需要进行真实的表演。教师还可以组织几名学生扮演观众，对学生的表演进行评价。通过角色扮演，能够将学生带到学习过程中，在扮演的过程中不仅要求学生运用英语进行互动沟通，而且可以模仿相关动作以及行为等，有效增强英语教学趣味性，充分调动学生的积极性以及主动性，提高课堂教学质量以及教学效率。

其二，案例分析互动式教学活动。案例分析互动式教学活动，是指教师建立在英语教材教学内容、教学目标的基础上，选择与其相关的案例，引导学生根据案例进行分析。这种教学方式不仅能够增强学生对于知识的理解，而且能够使学生将所学习英语知识运用到口语交际实际中，提高学生英语学习能力。实际上，针对每一个高校英语教学章节来说，都可以运用案例分析互动式教学活动开展教学，案例不仅可以根据生活实际进行探索，而且可以根据英语专刊、互联网内容进行探索。在运用案例分析互动教式学活动开展高校英语教学的过程中，教师应将学生合理分成几个学习小组，为学生呈现案例，组织学生以小组为单位进行讨论。在此过程中，教师一定要充分发挥自身的主导作用，帮助引导学生探索到正确的分析思路。

五、高校语言课堂互动式教学的策略

（一）提示引导学习

目前，高校英语教学注重多维度的交互，注重教师的主导性。在正式上课之前，教师需要着重从以下几方面进行引导。首先，展示新的学习目标；无论以口头的方式还是书面的方式，学习内容都要有一个明确的提纲，即认知、情感、能力三方面。认知目的是指学生不但要正确地理解文本的整体含义，而能能够根据文本的内容进行口头或书面的记录，运用所学的知识进行基础的沟通。教学目标主要是培养学生英语的阅读理解和应用英语的能力，并着重培养学生的自主思考能力。而情感目标则是以"人人平等"为目标，培养学生"同心协力"的观念；其次，明确所学知识的重点和难点；最后，对有关的教学要求进行深入探讨。充分调动学生的主动性和积极性，充分发挥学生的潜能，更好地融入课堂，形成主体性、情感和感知、人与情境之间的互动与交流。

（二）学生自主学习

在高校英语课堂教学中，教师要以发现者、探索者、研究者的身份参与课堂教学。因此，在英语课堂中，尤其是在小组活动中，学生要与教师和其他同学进行有效的沟通，同时还要积极地进行预习。通过参考教师的教学指导，学生能够把握教材的要点，并能解决教材中的难点。学生可以在课后完成课后练习，回顾与新课程相关的旧知识，发掘新知识与旧知识之间的共性，实现知识点的转化。学生需要将自己学到的知识进行整理、汇总，这样不但可以进行深入的交流，而且可以把不太懂的知识以小组的形式进行讨论。这是一个阅读和反思的过程，也是一种很好的自我总结过程。

(三) 小组活动形式

小组活动是英语互动式教学中的一个重要环节。特别是在课堂上，教师运用多种互动方式，坚持平等原则，形成特定的小组，每一组有4~6名同学，由各个级别的同学组成。每个团队都要有主持人、记录员和汇报人员。尤其要注意的是，学生在讨论的时候，教师不要过多地干预。在英语互动式教学中，小组活动是学生进行问题分析、解决的重要环节。

(四) 组际交流形式

组际交流形式既是对团体活动的扩展和发展，也是英语交流和互动的重要内容。团体活动是一种生动、和谐的氛围，它的目的是激发学生的学习兴趣，培养学生的自主性。在此基础上，教师应根据具体情况进行深入的组际沟通，这样不但可以让学生产生更多的思想碰撞，而且可以扩大师生、生生、小组之间的交流，增强师生、生生、小组等多种关系，促进学生在不同情况下的互动。

总之，将互动式教学应用于高校英语课堂，可以提高学生的独立学习能力，提高学生的动手能力和创新意识，从而造就一批高素质的专业人才。

第六节 多媒体技术在英语语言教学中的应用

多媒体技术是一种新的教学方法，它包括文字、声音、图像和符号，具有很强的交互性。英语语言学中多媒体技术的运用，为高校英语教学带来了新的生机和活力，也为高校英语教学开辟了一条新的道路，推动了英语语言教学的现代化、个性化和自主化的发展。在英语教学中运用多媒体技术，对于改善和促进英语语言学的发展有着重要的意义和价值。

一、多媒体技术应用在英语语言教学中的必要性

21世纪，随着信息技术的飞速发展和网络时代的来临，英语教学中的多媒体

技术变得越来越重要。多媒体技术在文字、图像、声音、视频等方面具有特殊的表达手段,在语言情景模拟、理论知识生动化、教学效果反馈等方面具有不可忽视的优越性。

(一) 有利于激发学生学习英语的动机和热情,充分发挥学生的主体地位

多媒体技术在高校英语课堂上的优越性体现在:它可以调动学生学习英语的积极性,促进英语的学习和理解。实践证明,加强英语教学中多媒体技术的运用,有助于教师从"教学"到"导学"的平稳过渡。一是多媒体教学的文本、声音、图像、视频等教学方式,使学生的英语学习更加活跃、更加主动,创造性地学习英语语言的知识,有助于英语教学的顺利实施。二是通过多媒体技术,学生可以获取与课堂教学相关的辅助资料,包括习题、语音资料、视频等,使学生有足够的时间和空间去感受英语,增加英语学习的连续性。

(二) 有效增加英语语言的信息容量,促进教学效果顺利实现

在英语教学中,多媒体技术可以同时发挥学生的听力、视觉等多种感官,既可以极大地增加英语的信息量,又可以利用多媒体技术提高英语教学的质量,从而达到良好的教学效果。在多媒体技术教学中,教师可以使用计算机、网络等多种方式制作课件,并播放录像、音频等,将所学的内容直接呈现在多媒体上,减少教师在课堂上将教材内容写在黑板上的时间,为开展其他教学活动赢得时间,增加学生的学习兴趣,让学生在课堂中的学习变得有趣、简单易懂,从而有效地提高课堂的教学质量。

(三) 拓展英语语言教师的知识体系,丰富与完善英语语言教学内容

英语语言学是一门具有很强交叉性质的学科,它与许多学科关系密切,尤其是文化背景、历史发展、民俗风情等。因此,英语语言学需要具备较高的文化功底、语言能力、表达能力等综合素质。但是,在实际教学中,有的教师知识结构比较单一,对于英语国家的历史文化、民俗文化等方面的内容知之甚少,运用多媒体技术可以极大地弥补这种不足。教师在课前收集、整理各种知识,并在教室里用多媒体进行播报和讲授,使学生能够获得最丰富的教学信息,特别是加深对所学的知识的

了解和掌握。

英语教学既包括英语课程的基础理论知识，又包括实用技术，在现代英语教学中，多媒体技术的应用日益成为人们关注的焦点。与计算机信息技术、人工智能等学科的关系日益密切，语言学开始成为一个综合性学科，既可以为其他学科提供理论支撑，又可以与其他学科进行交叉融合。多媒体技术的广泛运用，对英语教学模式的改革和发展起到了积极的作用，它可以有效地激发学生的学习积极性、英语综合素质、英语交流能力、分析问题和解决问题的能力，从而促进英语专业教学。

二、多媒体技术在英语语言教学中的应用途径

（一）利用多媒体技术提高英语语音教学

英语语音学是英语语言学中的一个分支，它的研究对象是如何运用人体所发出的各种音，包括音的分类、功能、性质等。因此，在英语教学中，可以利用多媒体技术中的录音软件等硬件设施，开展多媒体技术的实验。在实验课中，教师可以通过录音、播放英语单词和句子的读音反复训练，并在小组讨论中不断地对自己的英语成绩进行校对和总结，从而有效地提高英语听力和感知能力。总之，运用多媒体技术，可以有效地调动学生的英语学习积极性，增强他们的英语自主性。

（二）利用多媒体技术提高英语语法教学

英语教学中，语法知识的学习非常困难。要使学生完全掌握英语语法，就需要运用大量的实例，通过比较不同的句型，使学生在实际操作中了解其原理，达到学以致用的目的。通过运用多媒体技术，可以使教学内容更直观，语法分析更形象，帮助学生掌握理论知识。

（三）借助多媒体技术创新英语语言教学课件设计

英语教学课件是英语教学中的一个重要部分，是英语教学的一种重要工具，也是教师的一种重要的辅助工具。在运用多媒体技术进行英语教学的时候，教师要合理安排教学课件中的重点和难点，有效设计学生的反思、合作、表达等。同时，在多媒体技术课件的设计上，教师要根据具体的教学内容和实际情况，采取多种教学

手段，有针对性地进行教学。例如，英语语言学的一些理论知识，可以从音系、语音、语义等角度来掌握。

（四）多媒体技术的应用有助于提高学生英语听力水平

听力在英语教学中占有举足轻重的地位，而多媒体技术的运用为听力教学提供了更多的机遇和挑战。听力训练可以提供一个很好的教学环境，为将来的学习打下坚实的基础。该模式不仅提高了学生的听力水平，而且提高了他们的学习兴趣。教师和学生可以通过多媒体学习整个句子、整个段落、整个文本乃至英语文化方面知识。

（五）运用多媒体技术提高学生的英语阅读与写作能力

运用多媒体教学能帮助教师营造活泼的课堂氛围，让写作教学更加丰富多彩，激发学生的学习积极性，让学生感受到新奇，提高他们的兴趣。在英语写作教学中，教师要充分运用多媒体拓展学生的思维能力，帮助学生掌握大量的生词、经典段落，并形成一种良好的学习和阅读习惯。在使用多媒体阅读的过程中，学生会被多媒体的新技术所吸引，以更好的状态投入学习之中，提高学习效果。

在英语教学中，教师可以利用网上的各种信息和材料，为学生的英语写作提供一定的帮助；教师还可以利用多媒体收集素材，激发学生的思考能力，进而提高学生英语学习的积极性。

（六）运用多媒体教学手段，培养学生的学习兴趣

多媒体技术为课堂教学注入了新的生机，更能充分地反映出学生听、说、读、写、译能力，激发他们的学习积极性。英语教师可以把英语中的难点问题运用到多媒体技术中，如录像机、电视等，使教材中枯燥、乏味、难以理解的内容转化为生动的画面和场景。另外，教师还能用不同的实例帮助学生快速掌握英语中的关键知识。

（七）重视传统与现代的结合，使教育的优势得到最大限度地发挥

在教学过程中，教师要合理地运用多媒体技术，使之与传统的教学方式相适

应，既能充分调动学生的学习兴趣，又能加深对英语词汇的理解。教师要在教学中起到引导作用，运用多媒体技术把重点与难点结合起来，让学生更加直观地了解和理解英语的文化背景，让学生积极地参与到学习中来，并在自主学习中提高学习效率。

（八）合理安排教学时间，促进学生的学习

在教学设计中，教师要根据学生的实际状况和接受情况，明确教学重点和难点，并据此设计教学任务，在新知识的学习中适当加强，使学生更加深入地了解相关知识。同时，要通过对多媒体课件的不断改进和创新设计，降低学生的视觉疲劳，增强对学生的吸引力。通过这种方式，使学生能够对所学的内容有一个整体的掌握。另外，教师还可以用色彩、字体大小等来区别不同的英文字体，提高学生的注意力，为学生的内容区分提供支撑。

在多媒体技术指导中，教师要充分利用多媒体技术的优点，结合具体的教学内容和教学情境，充分利用多媒体技术进行教学。只有充分发挥多媒体技术的优势并加以合理地使用，才能使其发挥最大的作用。随着信息化时代的来临和多媒体教学的普及，教师要积极回应，主动学习，与时俱进，把多媒体技术和英语教学结合起来，使英语教学成为一种快乐，为学生打开通往成功的大门。

第五章 高校英语教育中的文化差异

第一节 高校英语教育中的语言与文化

一、高校英语教育中的语言

（一）语言的结构

从内部结构的角度看，语言是一种符号系统，但其在信息量和结构、功能的复杂性方面远非其他符号系统所能比及，后者对语言来说是第二性的。语言系统是一个复杂的整体，由各个分支系统或层次，如音位层次、词汇层次、语法层次等组成。语言成分由各种关系加以联结，成分和关系互相联系、互相制约，构成井然有序的系统。作为符号的语言单位具有两个重要方面，一是表现方面，即语音；二是内容方面，即语义。在语言单位中，音和义的结合是约定俗成的，以何种语音形式来表达何种含义，以何种含义形式来表述何种语音，其初始都是具有随意性的。

一种语言的文化构成，包括地理环境、寓言神话、民间传说、社会历史发展、风俗习惯、文学艺术、科学技术等。不同的文化背景下，人们对相同的发音和文字有不同的认识。

（二）语言的功能

从语言的作用看，语言具有多方面的功能，这里择其要点概述如下：①语言是交际的工具，供人们传递信息和交流信息。②语言是人们用来组织和表达想法的思考工具。语言的基本单位也与思维的基本范畴相对应：词与概念相对应，句子与判断相对应。人们也可以用手势和动作等方式表达一定的思想，但它们只能起辅助作用，语言才是思想最完善、最有效的载体。③语言是积聚知识和信息的工具，它把人们思维活动和认识活动的成果用词和句子积聚并存储起来，保存和反映了前人全部的经验和智慧，而后人通过学习就能掌握前人积累下来的知识和信息，不必一切从头做起。这些知识和信息正是特定民族（传统）文化的重要源泉，从这个意义上说，特定语言是特定文化的容器和载体。④语言是表达感情和影响别人的工具，它既传递信息，又是艺术表现的媒介。语言具有美学功能，它的创造性也正是通过艺术的媒介而得到充分的体现。

在上述功能中，交际功能是主导的。有关语言学家把交际行为细分为六种，从而区分语言六种不同的功能：①从说话人的角度，语言具有表现功能，表示说话人对信息内容的关联、态度或对情境的直接反应；②从影响听话人的角度，具有指令功能，一般用呼语或命令口吻表示，以呼唤或祈使对方做出反应；③从上下文或情景出发，具有指称功能，即指称信息涉及的事物、需要传递和交流的内容和相应的事物及其特性、关系等；④从接触的角度，具有联系功能，意在保持或脱离接触，或者检查交际渠道是否畅通；⑤从代码的角度，有元语言的功能，如对某一事物的说明，这在儿童掌握语言和语言教学过程中常常发挥作用；⑥从信息的角度，具有诗歌功能，使语言具有更大的感染力，以满足人们的美学需要，在文艺作品中这一功能有很大作用，在日常生活中也有一定的作用。

语言有表达概念的功能、进行交际的功能和构成话语的功能，由此而形成其功能语法体系中语言语义的三个功能部分：①概念部分，即及物性、语态、情态意义；②人际部分，即语气、情态、语调；③语篇部分，即主位结构、信息理论、接应。

二、高校英语教育中的文化

（一）文化的界定

"文化"已经有数千个不同的定义。不同的国家、不同的时代、不同的学科、不同的人，会有不同的观点。有的学者认为，在人类的广泛的范围内，文化或者文明是一个由知识、艺术、道德、法律、风俗，以及所有作为社会成员的人们所具备的各种技能和习惯的复合体。还有学者认为，文化包括物质和精神两大因素，一种是被改造过的环境,一种是改变了的人的生物体,真正的文化的传播和进化的因素,就是一种社会、一种有组织的习惯和活动,这些习惯和活动是由一群人在特定的环境中使用物质和固定地生活。

在研究了文化概念的背景之后,国外学者指出:"根据历史文献,与文化密切相关的学科或门类,约有九种:哲学、文学、艺术、教育、历史、社会学、心理学、人类学、生态学和生物学。文化的内涵与组成,决定了其不是单一的学科,也不能由单一的学科来完成'一统'。"国外有不少人类学及社会学方面的学者归纳、分析了某种代表大多数学者所同意的基本要素后提出,"文化是以象征的形式获得和传递的表现形式,表现出不同的人类团体,包括表现在造物上的成果;文化的根基是传统的思想,尤其是与之相联系的价值观;我们可以把文化系统看成是一种行为的结果,也可以把它看成是一种行为的一个前提因素",因此,可以把它看成是一种文化中的一种外部的、由各种文化成员共同拥有的思想和理论系统。

(二) 文化的结构

文化是一个"超有机体",是一个完整的存在,其内部的主体是一个文化结构。它是对有机整体性文化的内存关系的抽象,它包括两方面含义:一是可以自己说明自己,二是可以形式化。文化结构决定了文化的性质与功能,中国文化之体决定中国文化之用,二者密不可分。文化结构有表层文化结构与深层文化结构。

当然,一个民族的整体文化或一个具体的文化特质,都有其层次结构。文化层次有"三层次说"和"四层次说"。三层次说是把文化看作一个三层次同心圆,表层为物质层面,中层为制度层面,深层为心理层面。四层次说:物质文化、社会关系、风俗习惯与艺术文化、精神文化。有学者认为,首先是物质层次,其次是制度层次,再次是风俗习惯层次,最后是思想与价值层次。大体而言,物质的、有形的变迁较易,无形的、精神的变迁则很难。

(三) 文化的特征

通过对文化界定的综合分析,可以把这种文化的一半特点归纳为以下几点:

1. 可供选择的能力

人类的行动可以分为直觉和学习两种。这些作为社会文化的一部分,是通过后天的培训而获得的，这些都是人类的大部分行为。所有的动物都有一定的学习能力，这对于物种的生存是非常重要的。但人类，学习的行为远远超过本能的行为。

从某种意义上来讲，人生来就有缺陷。一个人要在社会上独立，不但要有一段时间的生理上的适应，还要有一段很长的时间来学会思考与行动，也就是文化上的锻炼。

体质生态是人类行为的基础。一方面，人类通过学习来满足自身的需要；另一方面，人类的文化能力——说话的能力、抽象思维的能力、制订长远计划的能力等，则取决于因遗传而继承的体质特征，取决于复杂的大脑。但大多人类学家比较强调后天的文化学习对人的重要性，而先天的遗传仅是行为的基础。

2. 可持续发展

从本质上讲，文化一直在发展和改变。19世纪的人类进化论学者把人类文明从低级到高级，从简单到复杂的演变过程包括从原始的粗茶淡饭到现在的丰富多彩，从早期的刀耕火种到今天的自动化和信息化，都是文化进步的产物。功能主义理论研究者们认为，文化的进程即是文化的变化。文化变革是指在现有社会秩序中，组织、知识、工具、消费等方面都有不同程度的变化。总体上讲，文化的稳定性是相对的，而变化的发展是绝对的。

3. 时代特征

在人类的发展过程中，每个时期都有其独特的文化形态。比如，以生产力和科学技术为特征的石器时代文化、青铜时代文化、铁器时代文化、蒸汽时代文化、电力时代文化以及信息时代文化。再如，赋、诗、词、曲，是我国汉、唐、宋、元各朝代中最为典型的一种文学形式。时代变迁，必然会引起文化类型的变化，以新的形式代替老的形式。每个新时期的人类进化，都要从先辈的优秀文化成果中汲取精华，使之融入自身的社会系统中，并以此为标志。

4. 整体的一致性

尽管人们对文化的概念难以取得一致意见，但对文化划分为物质和精神文化的基本观点是认同的。任何一个文化系统中的子文化，都有它自身的一个完备文化体系，都是一个综合统一体。文化的要素和成分尽管是多种多样的，但各要素和成分之间是相互整合而统一的。这种统一性常常通过共同的价值体系和行为模式表现出来。

5. 普遍存在的具体性

文化是一种人类活动,是人类所取得的一切成果的结晶。每一个社会、国家、民族,人们都生活在一定的文化系统中。这种文化系统还具有一定的规则性,能依靠法律、制度、风俗、价值系统等来引导或约束社会成员的个体行为,使他们的情感、思想与行为都纳入群体的价值目标与轨道。

6. 世代相传的连续性

人类文化随着物质生产和人口的生产与发展,具有历史连续性,是社会传承的结果,是超越个人而存在的。在文化的传承过程中,人们总是有批判、有选择地进行继承,并在继承中有所创新、有所发展,从而形成一定的文化传统。文化的继承与创新相统一,是文化连续性的保证;继承是文化连续之源,创新是文化发展之动力。文化体现了创造的意志力量,它与本能的生物学遗传或先天性行为方式是不同的。

总之,文化是人类在历史实践中所产生的物质财富与精神财富的总和,它是一种社会思想观念及其相应的制度、组织结构,是特定时代的社会、政治、经济活动的体现。

第二节 文化差异对高校英语教育的意义

中西方文化之间存在的差异,会对我国高校英语教学产生重要的影响。本节主要从对英语教学理念与英语语言教学本身两个方面的影响来进行分析。

一、文化差异对英语教学理念的意义

中国人的文化观念和思维方式对于高校英语教学是有一定影响的,且英语教学的授课方式主要是由教师来授课,采用的是"语法—翻译"的教学方式,因此会对英语学习的自主性、文化交际能力和综合运用能力有一定的影响。

由于中西不同的文化背景,英语教学既是语言教授,也是文化方面的教授。教师除了要教授语言知识之外,更要注意语言的社会性、文化性、发展性和交际性。英语是一门语言,同时也是一门学科。所以,英语的社会性、文化性、发展性和交际性比其知识性与学科性更重要。

(一) 社会性要求英语教学关注社会生活

语言习得是一种条件反射,其主要受学生的固有经历、交往行为等的影响和制约。从认知主义的观点中可以得知,交际者所吸收的信息与自身固有的方式发生反应,如果二者相符合,那么就会出现"同化"的结果;反之,就会出现"顺应"的结果。

在英语教学中,教师除了讲授语言知识,还应关注社会生活方面的信息,具体可以从以下几点入手。

一是采用来源于原版书籍、报刊的真实的原版教材。二是设计真实的英语情境,可采用计算机、电影等方式进行。三是与外国人自由交流。四是接触真实的国外生活。

(二) 文化性要求英语教学理解文化特征

英语与文化有着紧密的联系,它既是文化的载体,又是文化的主要组成部分。英语教学既是语言方面的授教,也是文化方面的授教。

英语教学是以跨文化理论为基础的真实的文化教学,其对文化的理解是有意义的。文化应该被纳入整个与之相关的"意念表达"中。"意念表达"主要体现在两个方面:思维与交际。

1. 思维

特定的文化孕育着特定的思维,所以文化知识就是理解隐喻的核心。在英语教学中,教师应注意对学生的隐喻思维进行培养,使其能使用并创造相对的隐喻环境。

2. 交际

真正的交际教学总体现着文化,即使真正的文化教学也不一定是交际教学。

(三) 发展性要求英语教学鼓励个体创造

社会的发展性对语言的发展性起着决定性的作用。学生学习语言实际上是将新的语言文化结构纳入已有结构中并产生同化和顺应。新的语言表达不断出现,因此英语教学也需要顺应语言的发展性。语言具有鲜明的社会性特征,但语言运用属于个人的行为，英语教学要注意激发个体创造。

个体创造对语言发展具有积极的促进作用。英语教师应鼓励个体创造，尊重学生的个体学习方式，发展学生不断建构计划的能力，具体可从以下几点入手：

一是以学生为中心，对学生的内在需要和情感予以充分考虑。二是激发学生的创造动机，并将其维持下去。三是利用问题情境和问题解决模式。教师创造情境，使学生在其中构建知识。四是引导学生进行自我创造表演。在角色扮演过程中，学生尽可能使用自己创造的语言来展现国外的生活方式。

（四）交际性要求英语教学尊重自我经验

在英语教学中，教师还应对学生个体的自我经验予以关注，具体做到以下几个方面。

1. 用沉浸法实现意义表达

沉浸法是用英语对各门学科展开学习。学科教学主要是为了表达意义，这为学生实现意义表达提供了真实的语言环境。

2. 用全身反应法降低表达焦虑

全身反应法具有自身的特点，具体表现为以下几点：

一是通过语言功能使焦虑得以降低；二是认为听在英语习得过程中十分重要，认为听先于说；三是为学生提供可理解的"输入"。

3. 对学生的语言表达错误持宽容态度

英语教学的最终目的是对学生的交际能力进行培养，所以教师就要引导学生注意语言表达意义。在这一过程中，学生出现语言表达错误是难以避免的，教师对此应持宽容的态度。

二、文化差异对英语语言教学本身的意义

由于文化背景不同，英汉两种语言本身也呈现出很大的差异。英语教师应关注这些差异，在英语教学过程中，从词汇、句法以及语篇层面讲解英汉语言的差异，使学生了解两种语言的深层差异，夯实英语基础。

在英语词汇教学中，除了讲授语言知识，还应涉及相关的文化知识，既让学生掌握词汇的意义和使用规则，还能让学生了解词汇的文化意义，同时在日常的交际

中正确使用。

英汉两种语言在句法和语篇上存在较大的差别,因此,英语教师要让学生认识到英汉语的语法和语篇之间的差别,以及产生这些差别的根源,从而让他们明白内容的意思,使学习效果得到有效提高。

第六章　高校英语教育中文化能力的培养

第一节　英语文化能力概述

从狭义上来说，文化能力是指文化理解，即在交流过程中对异质文化根源具有的敏感程度和洞察能力。从广义上来说，文化能力可以理解为文化交际能力。而文化交流能力则是指在不同的语言环境中，人们能够进行不同的交流。

一、文化交际能力的含义

文化交际能力就是针对跨文化交际过程中出现的关键性问题，如文化差异、文化陌生感、文化内部态度、心理压力等的处理能力。在具体的跨文化交际实践中，文化交际能力体现在得体性和有效性两个方面。

文化交际能力的得体性包括以下几方面：其一，符合目的语文化的社会规范；其二，符合目的语文化的行为模式；其三，符合目的语文化的价值取向。

文化交际能力的有效性主要指的是能够实现交际目标。文化交际能力带有内在性，可以由交际者有意识地进行知识输入，并利用一定的语言技巧在跨文化交际的行为中得到体现。

二、文化交际能力的构成

国内学者将文化交际能力概括为言语交际能力、非言语交际能力、跨文化适应能力、语言规则和交际规则的转化能力。

（一）言语交际能力

在文化交际能力中，言语交际能力是其基础与核心部分，主要包括四个方面：

一是掌握语法；二是理解和使用语言的概念和文化的含义；三是语言运用的正确性；四是语言运用的得体性。

言语交际能力并不单指交际者具备扎实的语言知识，还要求交际者能够根据具体的交际语境来使用语言知识。

（二）非言语交际能力

非言语交际能力在交际行为中也有着重要的作用，不仅能够辅助言语交际的进行，而且对于交际问题与障碍的化解也大有裨益。具体来说，非言语交际能力指的是言语交际之外的一切交际行为与方式，包括四个方面：一是体态语，如身体的动作、接触等；二是副语言，如非语言的声音、沉默等；三是客体语，如服饰、妆容、肤色等；四是环境语，如空间信息、领地观念、时间信息、颜色等。

由于跨文化交际的进行，非言语交际的作用越发为人们所了解，因此，重视非言语交际，并在交际中重视不同文化背景下的非言语交际方式十分重要。

（三）跨文化适应能力

跨文化适应能力指的是交际双方对对方文化的适应能力。在跨文化交际实践中，跨文化适应能力的表现具体包括四种情况：一是要有良好的理解和理解跨文化交流的目标；二是在交际过程中，能对自己的行为和交际规则进行自我调节；三是能够适应新的交际环境，并能在其中展开生活、工作与交际；四是能够被新的文化交际环境所接收。

（四）语言规则和交际规则的转化能力

语言规则和交际规则的转化能力也是文化交际能力的重要体现。语言规则指的是语言的具体规则体系，如语音、词汇、语法等。交际规则，就是指导交际进行的行为准则。任何交际行为都包括言语交际行为和非言语交际行为准则。在交际中，交际者需要具备扎实的目的语语言规则，同时还需要学习母语与目的语转换的方式，从而规范自己的言语表达。针对跨文化交际中的文化问题，需要交际者对比与总结目的语与母语文化在思维、风俗、价值观方面的不同，从而进行规则的转换，促进交际的顺利进行。

第二节　高校英语教育中文化能力培养必须关注的问题

一、文化能力培养的重要性

（一）语言和文化的关系

在文化交流中，语言是一种重要的文化交流方式。学生可以在学习外语时迅速地认识到一国的文化和风俗。因此，在高校英语教学中，教师要注重英语知识与技能的传授，注重文化教学，注重文化素质的培养，做到将语言与文化相融合，并将文化教学融入语言教学中，这样才能更好地传播和传承文化。

（二）英语教学的目的

高校英语教学的目标在于培养学生的跨文化交际能力，使其英语技能得到持续提升，使其能够与外国人进行交流，同时将中国传统文化传播到世界各地。跨文化交流的实质是母语与非母语人士的交流，以及不同语言、不同文化背景的人的交流。所以，英语教师在培养学生的文化素质的同时，也应注重对民族文化的传授。

二、高校英语教育中文化能力培养必须关注的问题

（一）学校应该创造良好的文化学习氛围并组织开发文化教学资源

1. 加大对高校英语教师的培训和学习支持

高校英语师资队伍的素质、专业素养、受过的教育经验对其文化素质的形成有着重要的使用。因此，在英语教学中，英语教师必须加强对英语教学的研究。

高校英语教师要融入英语国家的独特文化中去，而不仅是依靠书籍、报刊、网络以及与国外朋友的交往来了解和理解英语国家的独特文化。高校要为英语教师创造有利的教学环境，提供更多的学习机会。

此外，高校还应定期举办英语教师文化培训、文化交流座谈会等活动，提升英语教师的整体素质、文化教学水平，进而促进其文化素养的提升。

2. 组织英语教师和专家合作开发课程资源

英语教师的教材选择和课程设置的自由是所有高校必须充分尊重的。为了进一步提升英语教师的素质，加强对英语精品课程的选拔，高校可以定期组织英语、汉语、文化等专业人士到学校讲学，使英语与汉语文化教学有机结合，并与英语教师、专家共同开发课程资源。英语教师要充分发挥网上课程的优势，创新教学方法，充分调动学生的学习兴趣和主动性，提高学生的综合素质。同时，要加强与高校的交流和合作，促进资源的共享，使英语教学得到更好的发展。

3. 重视大学生的文化交流活动

学校之间可以定期进行互派交流，还可以组织一些优秀的学生参与到国外的交流活动中去，让学生在活动中体验到外国朋友的情感表达。在与外国朋友的不断沟通中，学生既可以逐步了解和深入外国文化，又能让外国朋友不断地感受、认识和了解我们国家的文化。

（二）高校英语教师自身应采取的措施和手段

英语教师既要积极主动、灵活地使用教学方式，又要根据英语课程的教学目的和学生的具体情况，做好充分的准备，营造出一种轻松、愉悦的课堂气氛。通过这种方式，使中华文化与外来文化相互融合，使学生能比较和分析中华文化与外来文化，并不断加深对不同文化的理解与认识，进而提升其自身的文化素质。

（三）学生自身的转变和努力

1. 学生应转变学习动机，充分发挥自身的主观能动性

在英语知识与技能的学习中，应改变学习方式，采用与自己相适应的学习方法，不断完善自己的英语文化素质和语言表达能力。因此，学生必须面对自己的学习动机，努力提升自己的跨文化交流能力，并在日常生活中不断地获得文化知识，使自己的文化知识更加丰富。

2. 学生应拓宽学习语言的途径

在英语教学中，学生要尽可能地与外国朋友进行面对面的交流。通过这样的方法，可以使学生在英语课堂上学到的东西不断得到巩固，提高他们的语言表达能力，激发他们对英语的学习热情，并在英语教学中积累丰富的国际交往经验，并对英语教学中的文化进行反思和总结，从而不断地提升自己的跨文化交际水平。

学生要充分利用高校所创造的各种机遇，加强与外国朋友的交往，增强对外国文化的理解和认识。此外，学生还可以通过网络进行英语交际，提高英语的口语和表达水平；也可以通过网络收听英语广播，浏览英语原文，提高自己的英语水平。

第三节　高校英语教育中文化交际能力的培养

教育发展是一个民族发展的根本。要创新高校的教学模式，就要突破传统的教学模式，重视学生的创新实践能力，从跨文化的角度，培养英语专业的跨文化交流能力，增强学生的创造性思维，增强学生的生存和竞争力。

一、高校英语教育中开展跨文化教育的意义

在经济全球化背景下，跨文化交际已成为现代企业对学生的一种基本需求，也是增强学生竞争能力的一个重要方面。由于各国之间的文化差异很大，学生虽然已经很好地掌握了英语的基本知识，但是当他们将其运用到实践中时，仍然会出现许多问题。跨文化教学在高校英语教学中的重要作用有以下几点：

（一）转变英语教学模式的必然要求

在英语教学中，培养学生良好的学习习惯是很关键的。正确的教学方式是提高学生的学习效率和教学质量的有效途径。要突破现有的教学方式，改变英语教学的方法，就要重新认识跨文化的内涵，将跨文化的工作贯彻到实践中去，确保教学工作顺利进行。

（二）素质教育的基本要求

素质教育不仅要传授知识，而且要确保学生能将知识运用到实践中，使学生具有解决问题的能力，从而使教育的价值得以实现。在高校英语教学中，教师有必要针对不同的语言、不同的文化进行教学。在英语教学中，学生不仅要掌握基本的英语知识，而且要对英美国家的丰富文化内涵有深刻的理解，从思想、行为、生活习惯等方面入手，更全面、更系统地理解英语，使自己能够更"地道"地进行跨文化的沟通。在高校英语教学中进行跨文化教学，其目标是使学生在学习英语的基本知

识和了解英美文化背景的基础上，更好地运用英语作为交际手段。

二、高校英语教育教学中跨文化教育中存在的主要问题

文化和语言之间存在一定的依赖关系，如果脱离了文化的影响，单靠教学是很难保证教学效果的，这不仅会增加学生的学习难度，而且会影响到学生的将来。但是，从当前的形势来看，在英语教学中，跨文化的教学还存在许多问题。

（一）教师对英美文化缺乏全面的认识

尽管大多数高校英语教师都有着丰富的英语教学经验，但是由于对英美文化的理解不够透彻，仅仅把英语学习作为其教学目的，忽略了英语的文化素养，因而无法为学生提供全方位的教育服务。此外，一些英语教师还受到传统教育观念的制约，在教学中已形成一整套固定的教学模式。长期在缺乏语文和文化的背景下，教师的语言能力就会下降。

（二）教学内容缺乏丰富性

英语课程的实施是我国教育改革的必然趋势。英语课程的教学质量必须符合一定的要求，才能使学生在课堂上获得更多的知识。在教学内容的选择上，教师往往不会在课件中加入英美文化的内容，因此，很少有机会让学生了解英美文化。这不但会让学生对英美文化缺乏清晰的认知，而且会对以后的英语学习产生一定的负面影响。

（三）缺乏参与国际交流与学习的机会

交际是培养学生英语听说能力的重要方法。缺乏实际操作的机会，不但会降低学生英语学习的兴趣，还会阻碍跨文化交际的顺利进行。

参考文献

[1] 吴春梅.试析互动模式在高中英语教学中的应用[J].中学课程辅导(教学研究),2013,7(26):97.

[2] 刘小琴.应用型本科大学"英语语言学"教学存在的问题与对策[J].英语教师,2018,18(07):56-58.

[3] 杜开群.关于大学英语语言学教学问题及对策分析[J].山东农业工程学院学报,2017,34(02):5-6.

[4] 郑雨.大学英语教学中模糊语言学的语用意义分析[J].西部素质教育,2015,1(06):46.

[5] 杨雪.浅谈英语教学中应用语言学的有效应用[J].教育现代化,2018,5(11):185-186.

[6] 王慧.基于职业岗位导向的高职英语教学改革研究[J].轻纺工业与技术,2020,49(01):183-184.

[7] 曲通馥."雨课堂+对分课堂"教学模式在大学英语写作教学中的实证研究[J].内江师范学院学报,2020,35(01):89-94.

[8] 张红玲.跨文化外语教学[M].上海:上海外语教育出版社,2007.

[9] 吴为善,严慧仙.跨文化交际概论[M].北京:商务印书馆,2008.

[10] 姚丽,姚烨.英汉文化差异下的英语教学探究[M].北京:中国书籍出版社,2014.

[11] 王佐良.翻译:思考与试笔[M].北京:外语教学与研究出版社,1989.

[12] 邓炎昌,刘润清.语言与文化[M].北京:外语教学与研究出版社,1999.

[13] 骆世平.英语习语研究[M].上海:上海外语教育出版社,2007.

[14] 平洪,张国扬.英语习语与英美文化[M].北京:外语教学与研究出版

社,2000.

[15] 戴炜栋,何兆熊.新编简明英语语言学教程[M].上海:上海外语教育出版社,2010.

[16] 王坦.合作学习的理论与实施[M].北京:中国人事出版社,2002.

[17] 胡壮麟.语言学教程[M].北京:北京大学出版社,2002.

[18] 桂诗春.应用语言学[M].长沙:湖南教育出版社,1988.

[19] 陈俊森,樊葳葳,钟华.跨文化交际语外语教育[M]武汉:华中科技大学出版社,2006.

[20] 冯艳妮.职业教育项目课程中项目活动设计研究[D].上海:华东师范大学,2010:6-8.

[21] 周凤燕.英语学习策略[M].北京:知识产权出版社,2009.

[22] 左焕琪.外语教育展望[M].上海:华东师范大学出版社,2002.

[23] 王笃勤.真实性评价——从理论到实践[M].北京:外语教学与研究出版社,2007.

[24] 盛群力.21世纪教育目标新分类[M].杭州:浙江教育出版社,2008.

[25] 张学新.对分课堂:大学课堂教学改革的新探索[J].复旦教育论坛,2014,12(05):5-10.

[26] 汪军,严晓球.近十年来国内大学英语大班教学研究综述[J].教育学术月刊,2011,(11).

[27] 杨淑萍,王德伟,张丽杰.对分课堂教学模式及其师生角色分析[J].辽宁师范大学学报(社会科学版),2015,(09).

[28] 张博雅.对分课堂:大学英语课堂教学改革的新思路[J].科学与财富,2015,(12):803.

[29] 柴霞.基于"对分课堂"的大学英语教学实践与反思[J].曲阜师范大学公共外语教学部,2016,(06).

[30] 谷陟云.罗杰斯的人本主义教育观及其启示[J].现代教育科学,2009,(10).

[31] 陈爱梅.人本主义学习理论及对外语教学的启示[J].辽宁师范大学学报,

2003,(3).

[32] 王健芳.外语教学改革与实践[M].南京:南京大学出版社,2016.

[33] 杜振华.英语资源服务器及网络语音室的安全管理与实践[J].中国科教创新导刊,2008,(1).

[34] 李建萍.分级教学背景下大学生英语词汇学习策略的调查和分析[J].黄山学院学报,2009(8):99.

[35] 汤闻励.非英语专业大学生英语学习"动机缺失"研究分析[J].外语研究,2012(1):70-75.

[36] 刘英爽.国际化背景下大学英语跨文化教育的瓶颈和转型趋势[J].教育评论,2016(7):115-117.

[37] 陈帅.大学英语修辞教学探析[J].湖北经济学院学报,2013(9):203-205.

[38] 王涛.大学英语教学中英语修辞格的赏析[J].英语广场,2013(10):97-99.

[39] 夏俊萍.浅析大学英语教学中学生修辞鉴赏能力的培养[J].吉林工程技术师范学院学报,2014(10):68-70.

[40] 张红.浅谈英语教学中常见的修辞[J].教师,2015(11):47-48.

[41] 郭仲琰.语境理论在英语阅读教学中的应用研究[D].四川师范大学,2013.

[42] 王建丽.英语阅读教学现状调查研究[D].山东师范大学,2014.

[43] 郑梦楠.信息技术与英语阅读教学整合的实验研究[D].天津师范大学,2013.